ocialisme et Liberté

par

RIENZI

(H. van Kol)

Tout acte d'autorité exercé par un homme sur un autre est tyrannique s'il n'est pas absolument nécessaire.

BECCARIA, *Traité des délits et des peines.*

PARIS

V. GIARD & E. BRIÈRE

LIBRAIRES-ÉDITEURS

16, rue Soufflot, 16

—

1898

SOCIALISME

ET

LIBERTÉ

Socialisme

et

L'iberté

par

RIENZI

(H. van Kol)

Tout acte d'autorité exercé par un homme
sur un autre est tyrannique s'il n'est
pas absolument nécessaire.

Beccaria, *Traité des délits et des peines.*

PARIS

V. GIARD & E. BRIÈRE

LIBRAIRES-ÉDITEURS
16, rue Soufflot, 16

—

1898

à

VERA ZASSOULITSCH

l'héroïne, la femme modeste, l'amie fidèle.

AVANT-PROPOS

Ce livre fut écrit par intermittence. Un travail fatigant pour le corps et l'esprit m'obligea de le laisser souvent là, et pour longtemps. Lorsque, enfin, il fut presque terminé, je dus encore l'abandonner pour de longs mois.

Entre temps, je reçus la brochure d'Eugène Richter, *Sozialdemokratische Zùkùnfts-Bilder*(1). L'effroyable tableau qu'il avait fait de l'État socialiste de l'avenir me décida à terminer mon ouvrage.

Déjà, en quatre mois, la brochure de Richter avait été tirée à 250.000 exemplaires et traduite en plusieurs langues. La presse en avait chanté les louanges et nombre d'associations bourgeoises la répandaient parmi le peuple.

Je ne voulus plus retarder la publication de *Socialisme et Liberté*. En réduisant nos heures de

(1) Traduit en français par P. Villard, avec une préface de Paul Leroy-Beaulieu sous le titre de : *Où mène le socialisme. Journal d'un ouvrier*. Paris, Le Soudier, 1892. Nos indications de pages se rapportent à cette traduction.

repos et grâce à la collaboration active de ma femme, mon travail fut bientôt prêt.

Lorsque je connus la brochure de Richter, mon livre était à peu près entièrement terminé. Il suffisait de le revoir, de le corriger et de le recopier. Mais rien de ce que j'avais écrit ne dut être modifié par suite des idées de Richter. Sans les connaître, je les avais réfutées. Déjà dans *Capitalisme et Socialisme* j'avais donné une esquisse de l'État socialiste, dans lequel les moyens de production sont communs et où chacun reçoit selon son travail. Que l'on compare cette esquisse avec celle de Richter, et le lecteur attentif n'éprouvera aucune difficulté à trouver dans ma brochure la réfutation, point par point, de tous les arguments invoqués par Richter.

Le présent livre vient encore compléter cette réfutation.

Combien est peu fondée cette affirmation de Richter qui consiste à dire que l'État socialiste sera tyrannique au suprême degré et qu'il ne laissera nulle place à la liberté individuelle ! « Dans cet État», écrit-il, «la collectivité décidera ce que nous devrons manger et boire, comment nous devrons nous habiller, où nous devrons loger (p. 24). L'épargne sera défendue (p. 50) et nous aurons à consommer tout ce que nous recevrons (p. 13). Tous reçoivent la même ration de nourriture, le gourmand comme le gourmet, l'adulte comme l'enfant (p. 17). Plus de liens de sympathie. La jeune fille sera violemment séparée de son fiancé (p. 10), la mère de son enfant (p. 7) pour les faire travailler à des endroits différents. Le vieillard passera ses derniers jours loin des petits enfants qu'il aimait à faire danser sur ses genoux (p. 10). Il devra habiter chez des étrangers, il mangera, il dormira, il fumera quand cela leur plaira (p. 10). L'enfant mourra sans que sa mère puisse lui fermer les yeux (p. 33). La tyrannie de l'État mettra fin à tous les rapports de famille et d'affection. Les plaintes du peuple ne seront plus écoutées, les intérêts généraux seront sacrifiés (p. 20). Les suicides deviendront plus nombreux, car, bien qu'on n'y souffre pas de la misère, on est écœuré de sa ration d'esclave et de ce qu'il n'y a pas possibilité d'échapper à l'oppression (p. 37). Heureusement une révolution éclate. Elle était devenue nécessaire pour obtenir une autre nourriture, une bière meilleure, du café plus fort, des demeures plus grandes, un meilleur système de chauffage et d'éclairage, du linge plus propre et d'autres vêtements. L'État socialiste tombe pour avoir méconnu la liberté ».

Tout cela est réfuté dans *Socialisme et Liberté*, sans qu'il y ait eu préméditation de ma part. Il

y est démontré que le socialisme n'est pas anta-
gonique avec la liberté, mais qu'il est le seul
moyen pour accroître la somme de liberté de
chacun et de tous. Il est vrai que nous avons dû
brusquer les fausses idées de quelques-uns des
nôtres qui auraient voulu voir se réaliser immédiatement un but qui ne saurait être atteint dès
à présent. Mais ces derniers vestiges des utopies
qui ont précédé le socialisme moderne, disparaîtront maintenant que la science et l'expérience
sont devenues nos guides fidèles.

Qui méconnaîtra, après la lecture de ce volume,
écrit par un disciple de Marx et d'Engels, que le
progrès dans tous les domaines, dans celui de la
liberté comme dans les autres, sera formidable,
comparé au temps présent ?

Persistera-t-on à nier ? Dans ce cas, on fera le
silence autour de ce livre comme on le fit autour
de mes brochures précédentes.

En cas de désaccord, je répondrai à toutes les
critiques honnêtes et sérieuses, j'éluciderai — selon mes moyens — toutes les obscurités qu'on
voudra me signaler et j'examinerai toutes les de-
mandes de renseignements. Car bientôt luiront
pour moi les jours (1) où je pourrai — non seule-

____

(1) L'auteur, vivant à Java, avait la nostalgie de quitter la so-
litude des tropiques pour prendre part au combat du prolétariat
Européen.

ment par la plume — mais aussi par la parole et
par l'action, prendre une part active à la lutte
actuelle qui ne peut prendre fin que par le triomphe du socialisme.

> Ich fühl's an meines Herzens Pochen, —
>   Auch uns wird reifen ei ne Saat !
> Est ist kein Traum was ich gesprochen,
>   Und jener Völkermorgen naht !
>
> Ich seh' ihn leuchten durch die Jahre ;
>   Ich glaube fest an seine Pracht ;
> Entbrennen wird der Wunderbare,
>   Und nimmer kehren wird die Nacht !
>
> FERDINAND FREILIGRATH.

> Je le vois, je le sens et mon cœur me le dit :
> Oui ! bientôt germera pour nous une semence.
> Doux rêve caressé, voici le temps prédit ;
> Dans' notre ciel obscur, l'aube rouge commence.
>
> Aube des peuples, toi qu'on attendit longtemps,
> Du monde où nous souffrons, tu vas changer la face
> Tu dores l'avenir de tes feux éclatants
> Et la nuit pour toujours se dissipe et s'efface !
>
> D'après FREILIGRATH.

SOCIALISME & LIBERTÉ

INTRODUCTION

> L'émancipation des classes ouvrières ne
> commencera que le jour où elles auront
> une notion claire de leurs intérêts propres.
>
> P. J. Proudhon.

> Rien ne vient en un jour, laissez mûrir les choses,
> Si vous voulez garder leur vie et leurs couleurs !
> Laissez croître l'enfant ! Ne hâtez pas les roses !
> Il ne faut pas ouvrir les fleurs.
>
> Ratisbonne.

Les progrès rapides du socialisme, les événements
des temps présents imposent de nouveaux devoirs aux
partisans de la transformation sociale.

Jusqu'ici les socialistes ont mené une campagne ar-
dente contre l'organisation sociale actuelle. La misère
sans nom, la criante injustice, la démoralisation générale, conséquences inévitables du système capitaliste,
les ont poussés à cette lutte.

Ce que le cœur avait commencé, la raison l'a com-
plété. Il parut bientôt évident que la misère est une
conséquence de la forme qu'a prise, dans notre société,
la lutte pour l'existence et que cette misère ne prendra

fin que lorsque le système actuel de production aura disparu.

Le rôle de celui-ci est terminé. Bien que ce soit au prix de beaucoup de sang et de bien des larmes, la liberté du travail, du commerce et de la concurrence, les nombreuses découvertes industrielles, ont accru la production dans des proportions énormes.

Cette abondance de biens a fait naître la possibilité d'une société nouvelle, dans laquelle non seulement quelques-uns, mais tout le monde pourra se procurer le nécessaire.

Les principes de l'économie politique ont survécu et ont montré dans la société actuelle de nouveaux organismes sociaux qui se développent. Dans les périodes de transition, tout est remis en question, tout doit être démontré à nouveau : L'État, la Société, le Droit, la Morale, la Religion et la Science sont appelés devant le tribunal de la libre discussion.

L'insécurité de l'existence est générale et cela seul prouve que bientôt des transformations vont s'opérer. Ce n'est guère que lorsqu'un organisme social est à son déclin, qu'il nous est permis de concevoir les causes de son développement et de sa prochaine disparition.

Déjà la création d'un parti ouvrier condamne le capitalisme. Le peuple a souffert de la faim et il a recherché et trouvé les causes de ses souffrances. La société a été pesée, et trouvée trop légère par ceux qui estiment que c'est payer trop cher le bien-être de quelques-uns par la misère de la masse et la dégénérescence morale de tous. Le temps de la critique est alors venu. Pendant que dans les cerveaux des ouvriers la conscience sommeillait encore, les ouvrages de quelques hommes de science avaient déjà prononcé l'arrêt de mort contre le capitalisme. Aussi longtemps que les arguments des savants n'ont pas trouvé d'écho en dehors des cabinets d'étude, les classes dirigeantes n'avaient rien à craindre. Mais lorsque les mécontents comprirent le système qui est la cause de leur misère, lorsque la conscience s'éveilla chez les déshérités, alors elles aperçurent le danger qu'elles couraient, elles combattirent les idées nouvelles et défendirent vigoureusement leurs privilèges.

L'oppression des hommes qui luttaient pour plus de bien-être hâta la formation de puissants partis ouvriers. L'étude des travaux des économistes amena plusieurs penseurs à la critique du régime social existant.

Cette dernière tâche est à peu près accomplie. La défense théorique du système capitaliste a perdu beaucoup de terrain, et ses défenseurs, de plus en plus embarrassés, cherchent à transporter la lutte sur un autre terrain. Ils ne cherchent plus guère à prouver la justice du régime actuel, dont ils sont obligés de reconnaître les tristes résultats, surtout lorsque les crises économiques viennent à éclater.

La défense du capitalisme s'est transformée en une attaque contre le socialisme; on reconnaît que la réalisation des principes socialistes serait désirable, mais on ajoute que ces principes sont inapplicables. On ne se donne plus la peine de sauver l'honneur du régime présent, mais on nous crie de tous côtés : « Dites-nous de quelle manière vous réaliserez vos idées dans l'avenir ».

N'avons-nous pas, dans l'ardeur du combat, dirigé trop exclusivement notre feu contre des ruines depuis longtemps branlantes, au lieu de travailler à la fondation de notre nouvel édifice ? N'avons-nous pas montré plus de zèle à condamner le passé qu'à éclairer l'avenir ? Eh bien, maintenant que la victoire est proche, c'est vers l'avenir que nous devons diriger nos regards. Une guerre européenne, une nouvelle crise économique, et la révolution qui couve dans les cerveaux des travailleurs peut devenir demain un fait accompli.

Et alors ? que faire ?

Pouvons-nous abandonner au hasard la solution de cette question dont dépend le succès ou l'insuccès de cette grande révolution ? Quand enfin l'heure de la liberté aura sonné, pourra-t-on encore examiner ce que nous aurons à faire ? Quand les masses affamées voudront donner libre cours à leur haine, le moment sera-t-il venu de prêcher le droit et de parler raison, même en faveur de leurs anciens oppresseurs ? Quand les pierres surgiront des pavés, que le canon tonnera, que les bombes éclateront, aurons-nous encore le temps de discuter avec calme les moyens à employer pour atteindre notre but ?

Non ! Profitons du peu de temps qui nous reste pour réfléchir et discuter dès à présent ce qu'à cette heure nous aurons à faire, non seulement pour assurer la victoire, mais aussi pour la rendre définitive par des mesures intelligentes.

Eluder les problèmes qui nous sont posés serait inexcusable. Une révolte sans but, sans idéal, se substituerait à la révolution de vainqueurs qui savent ce qu'ils

veulent. Si nous n'avons que des balles dans les fusils
et pas d'idées dans la tête, comme dans les nombreuses
révolutions passées, le peuple rendra vains les plus
lourds sacrifices. Ce n'est pas seulement en 1789 et en
1830, mais aussi en 1848 et en 1871, que les travailleurs n'ont eu que le vague désir d'améliorer leur condition et qu'ils ont lutté sans plan déterminé. Les
masses n'iront au combat dans un élan irrésistible que
lorsqu'elles sentiront qu'elles travaillent pour des principes inébranlables, pour un idéal supérieur.

Quoi de plus triste que cette parole d'un des plus
vaillants combattants de la Commune de Paris qui, sur
les barricades, fit cette réponse à quelqu'un qui lui de-
mandait ce qu'il voulait : « Je cherche ! ».

Dans de pareils moments, la critique de la société
actuelle ne peut plus nous servir ; alors il ne s'agit
plus de discuter sur la journée normale de travail, sur
les sociétés coopératives, sur le travail aux pièces et
sur le travail des prisons. Ces réformes ne constituent
pas le socialisme : elles préparent à la lutte et n'ont de
valeur qu'en ce qu'elles augmentent notre puissance
d'action et hâtent notre triomphe.

C'est ce que les socialistes ont compris et, tout en luttant pour les réformes immédiatement réalisables, ils
ne détournent pas les yeux de l'avenir. Tout ce qui
nous rapproche de la *propriété collective des moyens
de production* est digne de nos peines et de nos sacrifices, mais nous ferions preuve de peu d'intelligence
si nous ne discutions pas dès à présent ce que les travailleurs auront à faire lorsqu'ils entreront en possession
des moyens de production.

Encore une fois : Lorsque l'heure bénie de la victoire sera venue, que ferons-nous ?

Beaucoup de socialistes éprouvent une certaine répugnance pour toute discussion qui ne concerne pas la critique de la société actuelle.' C'est la réaction contre les utopies dont on nous berçait autrefois. Mais s'il est insensé de vouloir prophétiser tous les détails d'une société idéale, il n'est pas raisonnable non plus de ne pas vouloir discuter ce que sera cette société dans ses grandes lignes.

Nous ne pouvons prévoir les transformations économiques qu'opéreront les nouvelles découvertes ; nous ne pouvons engager les générations futures ; mais cependant nous sommes obligés d'accepter un plan déterminé d'après lequel nous travaillerons, et qui pourra servir à la génération présente et à la génération prochaine et qui, d'ailleurs, pourra être modifié.

On ne peut jeter les yeux sur un programme socialiste sans y voir une réglementation générale de la société nouvelle, voire d'une société à l'avenir encore très lointain. Ce qui conviendra à une postérité lointaine ne saurait servir de signe de ralliement pour ce que doit être demain. Au surplus, nous ne pouvons jamais confondre ce qui peut être réalisé plus tard avec ce qui sera fait demain. Nous pouvons indiquer la direction de notre mouvement, mais nous devons nous borner pour le moment à consacrer nos efforts à la transformation sociale possible par et pour l'humanité présente.

A ce point de vue, il existe encore dans la littérature socialiste de grandes lacunes. On tâte, on cherche toujours, et nous ignorons encore les bases solides sur lesquelles nous pourrons édifier. En éludant cette question, en craignant de la discuter, nous prouvons que le Karl Marx du prochain avenir n'est pas encore venu. Ce qu'un Marx a fait pour la *critique* de la société capitaliste, un autre devra le faire pour le *programme* du socialisme.

Avant la découverte de la *plus-value* de Marx, la critique socialiste consistait dans la condamnation du système de production capitaliste avec ses tristes conséquences. La misère de la classe ouvrière avait été dépeinte avec une éloquence indignée, mais la cause du mal restait obscure. L'essence du capitalisme resta une énigme jusqu'à ce que Marx vint en donner la solution en plaçant la lutte sur le terrain de la science, et en fournissant aux réformateurs socialistes les armes nécessaires pour combattre leurs adversaires.

La tâche entreprise par Marx fut accomplie. Il indiqua au capitalisme sa place dans l'histoire de l'humanité. Il déclara même que l'avènement de ce régime avait été aussi indispensable que sa chute prochaine était fatale. La science triompha et le parti de l'avenir a maintenant les forces matérielles nécessaires pour remporter la victoire. Marx nous mit en état de faire la critique du passé, il nous fournit les moyens pour notre propagande actuelle et, par son *Matérialisme historique*, il nous mit en main la clef de l'avenir.

Ce point de vue nouveau de l'histoire est moins connu,

mais il est d'une importance plus grande encore que la
découverte de la « plus-value ». Si, par la plus-value, il
découvrit le système du capitalisme spoliateur, par son
matérialisme historique il démontra que les conditions
économiques de la société constituent la base princi-
pale des institutions politiques et des conceptions religieuses, philosophiques et scientifiques de chaque époque. Tous les faits de l'histoire ne sauraient s'expliquer
par les formes de la propriété ou du système de production. Il faut tenir compte des facteurs religieux et des
facteurs moraux ; mais, en y regardant de près, il semble que ceux-ci sont en relation étroite avec les conditions matérielles existantes. Même les mouvements purement religieux ne sont compréhensibles que lorsqu'on a étudié sérieusement la situation économique de
l'époque. Nous reviendrons plus tard sur cette importante découverte scientifique. Nous la signalons en pas-
sant comme un moyen de solution de la question de
l'avenir.

Nous savons qu'il est au-dessus de nos forces de
trouver la solution absolue, celle qui serait applicable
à tous les temps, à tous les pays, à tous les peuples.
Chaque réforme doit avoir des racines dans les conditions et les besoins de l'époque où elle se produit. Les
individus ne sauraient créer la société telle qu'ils la désirent, ils peuvent seulement hâter ou ralentir le progrès de l'humanité. Tout est soumis à la loi de l'évolution : « tout se développe, tout devient ». C'est l'expérience scientifique qui doit nous servir de guide, non
la fantaisie. Le socialisme est avant tout soumis à la loi

de l'histoire et tout effort pour sortir des bornes que cette loi nous trace, doit échouer. Nous ne devons pas nourrir nos imaginations de chimères. C'est la réalité qui décidera ce qui est ou ce qui n'est pas possible.

L'idéal de la liberté et de l'égalité absolues ne saurait être atteint qu'après une série de transformations. Le plus audacieux idéalisme ne saurait ni franchir les premières de ces transformations, ni rêver les dernières.

Si nous n'abandonnons pas le terrain de la réalité, si nous restons fidèles à la science, si nous savons nous garder des chimères, si nous nous laissons guider par notre raison, non par notre cœur et par nos nerfs, alors la connaissance exacte du présent doit nous conduire à la juste conception de la période de progrès qui suivra la période actuelle. Nous ne saurions aller plus loin. Nous ne saurions mesurer les besoins de la génération prochaine à nos besoins, surtout étant donné le rapide développement social actuel.

Nos réformes doivent donc exclusivement être destinées à la génération présente et à celle qui suivra, car les idées et les pouvoirs des hommes se modifient selon les circonstances. Nous devons donc pouvoir démontrer la possibilité de toutes les réformes que nous préconisons dans l'état actuel de la société. Elles doivent servir de transition entre le présent et l'avenir.

Si demain nous est posée la question : Qu'allons-nous faire ? il faut que la réponse soit prête.

Les vœux que nous exprimons doivent démontrer que le socialisme n'est pas une chose vaine suggérée par la passion, mais qu'il est la devise de combat du progrès ; qu'il n'est pas une conception nuageuse, mais une image très nette de la prochaine évolution historique.

Partant de ce point qu'il faut plus s'inquiéter de *ce qui est* et de *ce qui sera* que de ce qui est désirable ou de ce qui devrait être, nous rejetons aussi bien l'anarchisme que le communisme. Cette déclaration mécontentera peut-être quelques-uns de ceux qui combattent avec nous sous le même drapeau, mais nous ne saurions nous empêcher de dire ce que nous pensons être la vérité. Nous ne croyons ni à la possibilité du « *Fais ce que veux* » ni à celle du « *Prends ce que veux* » des anarchistes. Nous donnerons plus loin les raisons de notre conviction.

D'autre part, le communisme qui veut accorder, à chacun *selon ses besoins raisonnables*, nous l'avons discuté en 1886 dans le *Toekomst* et dans la seconde partie de notre brochure *Capitalisme et Socialisme*. Nous en reparlerons au cours de cet ouvrage. Mais avant tout nous nous occuperons de l'anarchisme, dont il a été beaucoup parlé en ces temps derniers, et de la doctrine libertaire, avec laquelle la prochaine révolution aura à compter.

Devons-nous soutenir ou combattre cette doctrine ? Cela dépendra de ce que nous attendons de l'avenir et des résultats de notre étude sur les rapports du Socialisme avec la Liberté.

[*]

Les libéraux et les anarchistes combattent les socialistes et les communistes au nom de la liberté. Ils n'attaquent pas tant le socialisme en lui-même, mais ils prétendent que cette doctrine est dangereuse pour la liberté. Même lorsque nous démontrons de la façon la plus irréfutable que l'absence de liberté ne saurait jamais être aussi grande sous le régime socialiste que sous le régime capitaliste, sans parler même de toutes les misères et de tous les désordres auxquels ce système mettrait fin, encore trouvent-ils dans leur maladive conception de la liberté, des raisons pour combattre nos idées. Si nous devions nous trouver devant cette cruelle alternative, ne devrions-nous pas préférer un esclavage qui nous donne du pain à une liberté qui nous condamne à la faim ?

Toute la force de l'opposition s'est peu à peu concentrée sur ce seul argument, qui lui semble péremptoire : « Le socialisme serait fatal à la liberté ».

Cependant, dès que nous analysons de près leur devise : « La liberté au-dessus de tout », nous constatons que la réalisation de cette idée est impossible. Ce n'est pas un desideratum de penseurs, c'est une formule d'utopistes. Et si l'utopiste peut assez exactement prévoir l'avenir, il n'a pas la patience d'attendre. Avec l'inconscience de l'enfant qui demande la lune, il réclame l'impossible.

Il n'observe pas, il découvre ; il n'étudie pas les hommes, il dispose d'eux ; il n'examine pas, il prophétise. Il veut, selon sa fantaisie, jeter la société dans un moule comme si elle n'était pas, à l'égal du corps humain, soumise à des lois naturelles de formation et de développement. Il a fait sienne la méthode de raisonnement abstrait des philosophes du xviii° siècle. Ils ignoraient les hommes au milieu desquels ils vivaient, se créaient un être idéal, et ils appuyaient leurs raisonnements sur ce faux point de départ. Leurs idées n'étaient pas soumises à l'épreuve de l'expérience, ni leur théorie à celle de la réalité. Les limites de leur imagination étaient aussi celles de leur utopie. Leur système devait être appliqué aussi bien aux Français qu'aux Esquimaux ; leurs règles de vie devaient pouvoir servir à tous les peuples de tous les temps et dans toutes les contrées de la terre.

Cependant l'école historique était née déjà avec le chef-d'œuvre de Montesquieu, l'*Esprit des lois* (1750) et le *Discours à la Sorbonne* de Turgot. Celui-ci jeta les bases de la méthode expérimentale. Au lieu de proclamer des dogmes absolus, on se mit à étudier la vie sociale dans sa réalité. On ne se basa plus tant sur des principes *a priori*, sur la liberté et sur l'égalité ou sur d'autres prémisses sociologiques ; on rassembla des faits et on en tira des conclusions. Dès l'instant où l'on n'aspirait plus à l'absolu de la liberté, de l'égalité ou du droit, où l'on osait seulement prononcer un jugement déterminé dans un cas déterminé, on avait trouvé pour les principes une base solide. Qui peut dire si la pluie ou le soleil est un *bien* ou un *mal* ? Cela dépend nécessairement des circonstances de temps et de personnes. Celui qui pense que dans la liberté se trouve la solution de toutes les questions sociales est aussi insensé que celui qui dit d'une façon absolue que la pluie est un bien ou un mal. Nous qui savons que le développement de l'humanité se fait d'après des lois naturelles, comme le développement des plantes et des animaux, nous n'ignorons pas que toutes les vérités ne sont que relatives.

A « l'homme abstrait » d'Adam Smith, qui prend comme exemple le Robinson solitaire, nous opposons l' « homme réel et historique » (Hector Denis) de notre temps, de notre pays, de notre civilisation. Nous cherchons à connaître l'homme tel qu'il était autrefois et tel qu'il est aujourd'hui. De là nous pouvons conclure avec quelque certitude ce qu'il sera demain. Nous arrivons donc à cette conclusion que ce ne sont pas des principes absolus qui dirigent notre vie, mais que la religion et la morale, le droit et la liberté ne sont en grande partie qu'une conséquence des conditions économiques, donc du développement économique d'un peuple. Le socialisme n'est pour nous qu'un moment de l'histoire, une période de développement plus ou moins grande de l'humanité, et pas du tout, ainsi que se l'imaginent les utopistes, une transformation complète dans l'existence de l'humanité, dans ses conceptions et dans son caractère, une période finale qui terminera son histoire.

Si nous réussissons à déterminer les étapes connues de la longue série de faits et d'influences qui constituent l'histoire du passé, alors nous parviendrons à connaître la loi qui a présidé aux événements et celle-ci nous mettra à même de calculer quelques-unes des étapes restées inconnues.

Nous voulons ensuite appliquer la méthode expérimentale aux rapports de l'*État* avec l'*individu*, c'est-à-dire à ceux de l'*autorité* avec la *liberté*.

Avant tout, il importe de bien poser la question.

Quelle est, dans l'organisme social de notre période de civilisation, la place de l'individu et quelle est celle de la collectivité?

Quelles sont les limites de la sphère de l'activité de l'individu et celles de l'État? L'existence de l'État se justifie-t-elle?

La liberté et l'égalité né sont pas des droits naturels, ce sont les conséquences du développement de la vie sociale.

Jusqu'à quel point l'individu a-t-il droit à la liberté? Est-il obligé de respecter la liberté d'autrui quand son intérêt personnel l'engage à la violer? Toute autorité est-elle nuisible ou inutile?

Dans l'histoire de la lutte pour l'existence nous pourrons suivre les étapes du progrès de la vie animale de nos ancêtres jusqu'à la vie civilisée d'aujourd'hui. De même que le germe devient plante et l'enfant homme, de même nous voyons la *liberté* et l'*autorité*, la religion, la morale et le droit, l'art et la science naître et prendre des formes supérieures. Nous croyons au développement progressif de l'humanité, nous croyons au progrès et nous rejetons cette doctrine qui dit qu'un être supérieur règle et domine tout, doctrine qui rendrait inutiles tous nos efforts et toute la science.

Nous verrons les dieux et les monarques, les empires et les républiques, les États et les religions naître et disparaître, tandis que l'Histoire poursuit sa marche ininterrompue. Ainsi qu'un grand fleuve, obéissant seulement aux lois de la pesanteur, dont les eaux coulent ici tranquilles dans un lit plat et se jettent ailleurs avec fracas dans l'abîme, l'Histoire — tantôt calme, tantôt agitée — obéit à une seule loi : *celle de la lutte pour la vie*. Cette loi est le fondement de la vie de l'humanité et de celle des hommes. Tous nos actes, toutes nos pensées ne sont que les résultats de cette gigantesque lutte qui a décidé de notre liberté, de notre vie, de notre bonheur, de notre morale, de notre science, de notre bien-être, de notre misère.

Dans cette lutte, l'un n'a rapporté d'avantages qu'au détriment d'un autre. La haine et la guerre, la victoire et la défaite étaient fatales.

L'âge d'or, que le progrès apportera sans violence, n'est pas encore venu. C'est encore toujours la lutte qui engendre le droit.

Cependant l'idée de droit se modifie aussi dans tous les temps et chez tous les peuples ; mais toujours elle dépend de la quantité des moyens de subsistance, c'est-à-dire du système de production de chaque peuple dans chaque temps. L'histoire nous apprend que la lutte pour l'existence va toujours de pair avec la lutte pour le droit et que c'est ainsi que les hommes ont toujours acquis plus de liberté et plus d'égalité.

Bien que nous n'attendions jamais l'avènement de la liberté et de l'égalité absolues, c'est vers elles que nous devons nous diriger, comme sur la vaste mer le pilote fixe l'œil sur l'étoile polaire, son guide infaillible au milieu des ténèbres de la nuit. Mais la question qui exige une solution immédiate est la direction que devra prendre notre navire dès demain.

Nous n'en voulons pas davantage pour le moment car nous ne sommes pas des utopistes. Au contraire, nous nous efforcerons de démontrer combien il est absurde de vouloir l'anarchisme dès à présent, c'est-à-dire, l'absence de toute autorité ou le communisme, c'est-à-dire la consommation selon les besoins.

Ceux-là s'appuient trop sur la souveraineté de l'individu. Ceux-ci comptent trop sur la puissance de l'État. Avec les uns et les autres nous luttons pour la possession collective des instruments de travail, parce que l'évolution économique en est arrivé au point de rendre cette transformation nécessaire. Mais, quelle que soit notre confiance dans la perfectibilité des hommes, nous ne sommes pas assez aveugles pour ne pas voir leurs mauvais penchants, et nous estimons que tout d'abord l'autorité d'un État démocratique et la rémunération d'après le travail et les efforts (1) est encore actuellement la meilleure réglementation.

Nous sommes convaincus que c'est par cette réglementation qu'il sera possible d'atteindre la plus grande somme de liberté possible pour l'individu et la plus grande somme possible d'égalité sociale.

Voyons maintenant ce que nous enseignent les faits.

(1) Voir *Capitalisme et Socialisme*, p. 65 à 93.

LIVRE PREMIER

L'INDIVIDUALISME

Man, poor and feeble when alone,
The sport of every passing wind —
In war, in trade, in art has shown
He's all resistless when combined (1).

L. GRIMSTONE.

Vae soli ! (Proverbe Romain) (2).

Des formidables masses nébuleuses qui, en transformation continuelle, roulaient à travers l'espace, se condensèrent peu à peu en des globes ardents d'où d'autres globes ou des anneaux se détachèrent. Ces derniers continuaient à tourner autour du globe-mère et formèrent ainsi les nombreux systèmes solaires de l'univers.

Notre terre n'est qu'une des petites planètes de notre système solaire et notre soleil n'est autre chose que l'une des millions d'étoiles de la voie lactée, qui elle-même ne forme qu'une des milliards de nébuleuses dont l'ensemble constitue l'univers.

(1) L'homme isolé est faible comme le roseau secoué par tous les vents ; mais uni à ses semblables il montre en art, en commerce et en guerre combien il est grand et fort.
(2) Malheur à l'individu isolé !

Le refroidissement de notre système solaire se fit et continue à se faire. Les masses ardentes se couvrirent d'une croûte solide qui souvent creva, laissant s'échapper les gaz et les laves, mais, cependant, gagnant constamment en dureté et en épaisseur. Il y eut de plus perte de chaleur ; la vapeur d'eau qui était autrefois entraînée par le mouvement de la terre, put enfin s'assembler, tomber en pluie, former les mers et les rivières, pénétrer dans l'écorce terrestre et rendre la vie possible pour les plantes et pour les animaux.

Les premiers êtres naquirent du visqueux protoplasme. Il y avait chez eux de la vie, mais une vie peu apparente. De ces êtres sont nées les différentes espèces d'animaux dont quelques-unes ont pour toujours disparu, tandis que d'autres se sont développées en des formes supérieures.

Enfin vint l'homme qui peu à peu prit la forme que nous lui connaissons.

Nous sommes donc des parasites sur l'écorce de notre planète et celle-ci n'est elle-même qu'un grain de sable imperceptible qui, de même que les soleils avec leurs planètes, finira par se congéler en un immense bloc de glace ou par se volatiliser dans un incendie mondial. Alors c'en sera fini de notre grandeur, de notre vanité et de nos illusions. Ce sera l'hiver sans fin, le sommeil sans réveil. Quand le dernier rayon du soleil mourant fera jaillir les dernières étincelles des glaces éternelles, déjà notre atmosphère se sera évaporée et la vie aura complètement disparu de la terre ; et le globe de glace, semblable à un énorme et sombre champ de mort, errera, morne et silencieux, à travers l'immensité des espaces.

Encore une petite déclinaison de l'axe de notre globe et voilà toute civilisation engloutie sous les glaces qui vont envahir l'Europe, et les contrées intérieures de l'Afrique devenues le dernier abri de la vie humaine avec ses sciences et ses arts, jusqu'à ce que vienne le jour où, même là, toute vie sera éteinte, éteinte à tout jamais !

Alors l'humanité avec ses souffrances et ses joies, ses haines et ses amours, avec ses tentatives et ses luttes, son développement et ses créations aura disparu comme une ombre.

Pourquoi a-t-elle vécu ? Pourquoi s'en est-elle allée ? Grave question, et qui la résoudra ?

Avons-nous atteint les limites que notre intelligence ne peut franchir sans s'égarer dans le pays enchanté de la Fantaisie ? Notre conscience n'est-elle qu'une faculté passive, incapable de créer, sans initiative, subissant seulement l'influence de l'apparence des choses dont la réalité, la véritable existence et la raison d'être restent, par conséquent, pour nous un livre fermé ?

Mais que nous importe le but final du monde ! Si notre race ne peut atteindre l'immortalité absolue, des millions et des millions d'années nous séparent encore du néant. Nous sommes à peine à l'aurore, au matin de notre existence ; ce n'est pas au sommeil et à la mort que nous devons songer, mais à la vie !

La civilisation des Grecs, celle des Romains, des Hindous, des Égyptiens, sont-elles moins dignes de notre admiration parce que ces peuples ignoraient dans quel but ils développaient les sciences et les arts, parce qu'ils ne prévoyaient pas que de leurs efforts allait naître la civilisation actuelle ? La fourmi, qui creuse sa demeure dans les gigantesques parois d'un volcan, s'inquiète-t-elle des éruptions qui se produiront le lendemain ? Non, elle veille à la vie et à la sécurité des siens, elle aime et elle vit le plus longtemps possible.

Bien que l'homme ne soit sur la terre qu'une ombre passagère, il se sent une partie de l'humanité, une partie de l'ensemble de tous les êtres humains qui vivent sur notre planète, et l'instinct de la conservation le porte vers l'association. Mais il nous faut abandonner cette sotte prétention des siècles passés : à savoir que l'humanité, que l'homme même est le centre de l'univers, que c'est pour lui que sont créés la lumière et la chaleur, le soleil et les étoiles. L'astronomie nous a enlevé cet orgueil. Notre rôle est bien plus modeste. Aucun dieu créateur ne nous prépara une demeure toute prête et un avenir assuré. Si nous voulons vivre et jouir, nous devons combattre la nature, lui arracher ses secrets, nous rendre maîtres des forces qui produisent le tonnerre et l'éclair, les ouragans et les inondations, et, comme un seul homme, mener la lutte pour l'existence, ou la subir. Ce n'est pas l'individu, c'est le tout organique, c'est l'humanité — « qui a une vie d'ensemble qui ne ressemble point à celle des unités », a dit Herbert Spencer (1), — c'est elle qui peut et qui doit mener cette gigantesque bataille, à laquelle chacun doit apporter sa part d'efforts.

(1) Principes de Sociologie.

Il n'y a pas de place parmi nous pour celui qui veut jouir des plaisirs et refuse de supporter les peines de cette lutte. Que celui qui veut assurer son existence, éloigner la douleur, goûter le plaisir, que celui-là nous apporte sa part de travail et de vie. Soit qu'il cultive la science, c'est-à-dire qu'il recherche les lois qui gouvernent notre existence, soit que, par son travail manuel, il crée, à l'aide des matières naturelles, ce dont nous avons besoin pour notre vie et pour nos jouissances ; — seul le *travailleur* a droit à l'existence.

Tout ce que l'homme est, tout ce qu'il possède, il le doit à la collectivité. L'ermite qui se retire dans la profondeur des forêts a besoin de la hache pour tracer le sentier qui conduit à son refuge, et cette hache, l'humanité la créa après une lutte séculaire contre les rigueurs de la nature et les difficultés de l'existence.

Et maintenant que, grâce au travail des siècles, les instruments de travail se sont développés depuis la pierre polie jusqu'aux machines les plus perfectionnées, ce n'est pas à l'individu isolé qu'il appartient de jouir de tous ces bienfaits, sans aucune obligation de sa part envers la collectivité.

Les intérêts généraux doivent primer les intérêts particuliers, les intérêts du groupe, ceux de ses membres, les cellules doivent se soumettre aux exigences de l'organisme. L'instinct de la conservation est le fondement de toute la civilisation humaine et, bien que la lutte pour l'existence soit menée par groupes, elle ne peut et elle ne doit pas être individuelle. Déjà dans les forêts vierges, les hordes sauvages mènent cette lutte en commun ; ce ne sont pas quelques personnes, mais des tribus, des races entières (le « frandaled », les « confraternités » des Celtes) qui cultivèrent les premières terres.

Et maintenant que les relations mondiales ont détruit les frontières, qu'un esprit cosmopolite fait disparaître de plus en plus les différences de langues, de pays, de costumes et de races, la lutte contre le froid et contre la chaleur, contre l'humidité et contre la sécheresse, contre les animaux et contre les plantes, sera menée, non plus individuellement, mais en commun, par des groupes toujours plus considérables. La grande puissance de la collectivité nous mettra de plus en plus en état de remporter plus de victoires ; la faible lutte de l'individu serait un triste recul. Et l'on vient nous parler après cela de droits supérieurs, de la souveraineté de l'individu !

Celui qui vient au monde plus nu que l'animal, qui, depuis sa naissance jusqu'à sa mort, ne peut subsister que grâce à l'aide et à l'assistance de la communauté, celui-là pourrait faire valoir des droits supérieurs à ceux de cette humanité dont il ne forme qu'une minime parcelle ! Non, si l'homme veut conserver sa vie, s'il veut trouver sa nourriture, si cette vie et ses efforts ont un but, ce n'est que comme partie de la collectivité qu'on lui donne ce dont il a besoin. Sans l'aide de cette collectivité, il périrait misérablement. C'est pourquoi chacun doit supporter la part de la tâche commune et ne peut lutter qu'avec et pour l'humanité tout entière.

Ce que l'on entend par individu, c'est l'ensemble des

propriétés physiques, intellectuelles et morales qui composent notre *moi*.

Celui-ci en dirige les mouvements, la pensée, les sentiments et la volonté. Par conséquent, bien que nous puissions considérer l'individu comme un ensemble organique, au point de vue physique, notre *moi* est légion. Claude Bernard a démontré que le corps humain est un composé de millions d'infusoires, les uns libres, tels que les globules du sang, les autres réunis en tissus. Les uns et les autres forment les différents organes. Chacun vit une vie propre, se nourrit, s'entretient, se reproduit, et aussi longtemps qu'il y a équilibre entre ces diverses fonctions, chacun coopère à cette grande résultante qu'on appelle la *vie* (Ad. Coste, *Economie politique et Physique sociale*, p. 5).

La vie de l'individu, comme celle du corps social, n'est donc possible que pour autant que les cellules, tout en se mouvant librement dans leur milieu, restent cependant soumises aux nécessités vitales du corps tout entier. De même que les nations les plus populeuses se composent de millions d'âmes, de même les individus se composent de millions de cellules. Et de même aussi que les nations modernes doivent ce qu'elles sont aux efforts des générations passées, de même aussi, chez l'individu, les propriétés du cerveau, des muscles et des nerfs sont déterminées par la lutte pour l'existence menée par des ancêtres particuliers.

Il est incontestable que l'individu a droit à l'existence, à moins qu'on ne veuille conduire l'humanité à la décadence et à la ruine. C'est là un droit naturel. Mais ce droit implique un devoir. Si l'individu a le droit de défendre sa vie contre la collectivité qui lui rend la vie possible et sans l'aide de laquelle il périrait, il a aussi le devoir de travailler à la conservation de cette même collectivité. Il lui est alors défendu de prendre à celle-ci des moyens de subsistance sans lui donner son travail en échange. L'enfant qui vient au monde, nu et sans défense, qui ne peut ni se protéger contre les forces de la nature, ni les utiliser, acquiert par sa naissance seule le droit à la vie. Cependant, à peine ses facultés se sont-elles développées, que déjà il a des devoirs à remplir envers la collectivité. Il ne peut pas, par sa manière de vivre, rendre impossible ou empêcher la manière de vivre d'autrui. Son existence est soumise à celle du groupe avec lequel il devra mener la lutte, et ce groupe a le droit de l'empêcher de nuire quand le bien-être général l'exige. Dès que quelqu'un fait partie d'une société, il doit y consacrer ses facultés, puisque du bien-être de cette société dépend le bonheur de chacun de ses membres.

L'homme qui vivrait seul sur terre pourrait à plaisir user et abuser des moyens de subsistance. Les nombreux individus qui composent la société ne le peuvent pas. Si chacun d'eux agissait à sa guise, les droits de la société sans laquelle son éducation et sa défense deviendraient impossibles, seraient nécessairement sacrifiés (Jules Guesde).

On peut donc complétement justifier la supériorité de l'instinct de conservation de l'espèce sur celui de l'individu. Quand le premier est en danger, le second doit disparaître et l'individu doit être prêt à sacrifier sa vie à la société de qui il la tient. Quand les relations sociales seront basées sur la justice, les intérêts individuels se confondront toujours davantage avec les intérêts généraux. Plus la vie de l'individu est intense, plus grande est sa jouissance (Guyau), plus grande aussi sera sa moralité, c'est-à-dire son amour d'autrui. Le puissant et libre développement de l'individu — quand la chose est possible — est aussi bien une nécessité vitale pour la société que pour chacun de ses membres.

Les besoins individuels font naître l'égoïsme, le sentiment de la solidarité fait naître l'altruisme, qui nous fait voir que notre bonheur personnel, que notre développement physique et intellectuel sont intimement liés à ceux de la collectivité.

La faim, le dénûment forcèrent l'homme à travailler ; l'instinct de la reproduction, la faiblesse l'obligèrent à se constituer en hordes pour mener en commun la lutte pour la vie. Et dès que l'homme eût cessé d'être semblable au carnassier des forêts, errant pour dévorer ou être dévoré, dès ce moment une société était née et avec elle les devoirs de l'individu envers la collectivité. Les *hordes* et les *gens* devinrent les races et les peuples.

Dans les premiers siècles, alors que la lutte pour l'existence, sans être plus cruelle qu'aujourd'hui, était cependant plus sauvage, la nécessité de la coopération, de l'union était si puissante, que l'individu était entièrement fondu dans le groupe dans lequel il vivait. Les anciens ne connaissaient pas de droits individuels ; la conception de la vie individuelle naquit seulement après la dispersion de la *gens*, avec l'introduction de l'inégalité des richesses, qui devait conduire à l'impitoyable égoïsme de nos jours. La doctrine du christianisme qui conduisait à la glorification de l'individu, et celle du protestantisme qui avait affaibli les liens entre les hommes pour raffermir les liens entre l'homme et Dieu, trouvèrent leur complément dans les dogmes déductifs du Contrat Social, jusqu'à ce que plus tard on atteignit le comble de la folie en enseignant que l'individu était supérieur à la société. Depuis, nous subissons une tradition qui veut élever l'individu au détriment de la civilisation et de la morale, exigeant précisément de l'union, de la solidarité et de l'organisation.

Souvent l'homme est encore, de par sa nature, un être cruel, pire quelquefois qu'un carnassier. Parmi nous vivent des gens qui trouvent plaisir à causer la douleur et la peine ; tous les penchants sanguinaires ne sont pas encore vaincus. Et alors que la civilisation n'est autre chose que l'éloignement de cette situation originelle, alors que le progrès moral ne signifie pas autre chose que la lutte et la jouissance de la vie de plus en plus collectives ; alors que l'isolement équivaut à un suicide moral et physique, on veut, en accordant la liberté individuelle absolue, rendre impossible une bienfaisante vie sociale ; oui, on veut revenir à des situations auxquelles l'humanité s'est arrachée après des luttes opiniâtres et sanglantes.

Ce n'est pas dans l'individualisme qu'il faut chercher le progrès de la liberté, mais dans l'association et la solidarité, qui nous rendent plus forts dans la lutte pour l'existence décidant, en dernier lieu, du degré plus ou moins élevé de notre liberté.

Cependant la liberté est, comme l'égalité, un droit qui naquit dans des relations sociales déterminées et qui se développa plus tard. Si elle dépendait de la conception de la vie individuelle, alors, dans notre siècle d'individualisme, elle devrait avoir atteint un très haut degré de perfection.

Nous vivons, surtout dans nos villes, comme des huîtres dans leurs écailles, comme des limaçons dans leur coquille. Quand la vie est facile et que rien ne nous manque, le sort de ceux qui vivent à côté de nous nous importe assez peu. Pendant que Paris était en joie, que les drapeaux flottaient, que les musiques résonnaient au milieu des illuminations des fêtes du 14 juillet 1891, une mère, un père et cinq enfants se suicidaient par misère ! Pendant cinq jours les cadavres de ces malheureux restèrent ignorés dans leur mansarde jusqu'à ce que l'odeur cadavérique avertit les voisins que la famille Hayem avait succombé dans la lutte pour l'existence...

Dans cette lutte atroce de tous contre tous, certains deviennent indifférents aux cris de douleur des vaincus ; pourvu que leur sort soit assuré, la souffrance et la mort des autres ne les touchent pas, à moins que leur joie n'en soit troublée. Cette situation se modifiera quand l'individu se considérera non comme l'axe autour duquel se meut la vie sociale, mais comme un atome de l'humanité, quand il cessera de vouloir que le monde entier soit soumis à ses ordres ; quand il comprendra que ses jouissances sont limitées par les droits et les besoins des autres.

La vie de l'individu, c'est à peine une seconde quand on la compare aux siècles qu'embrasse le progrès humain. Elle peut, par le perfectionnement de ses descendants, poser les germes d'un développement ultérieur plus rapide. Mais la civilisation dépend presqu'exclusivement du développement social des conditions de la vie dans une période déterminée. Le progrès consiste donc plus dans la liberté croissante du corps social que dans celle de l'individu.

La liberté illimitée ne saurait être atteinte par l'individu, non seulement parce que la nature limite sa liberté en l'obligeant à se vêtir et à se nourrir et en lui interdisant le pouvoir de voler, non seulement parce que nombre d'influences s'opposent à sa volonté, mais parce que cette volonté même, son caractère tout entier sont limités déjà dès sa naissance. « Pour être certain d'être libre, il faudrait que je fusse entièrement l'auteur de moi-même, de mon être, comme de ma manière d'être et que j'en eusse l'entière conscience. En d'autres termes, il faudrait que j'eusse l'existence absolue, comme la sensation absolue, il faudrait que je fusse Dieu » (Fouillée).

Cependant, nous ne pouvons vaincre notre existence que par l'aide et la coopération de nos compagnons de lutte, et par conséquent, l'homme ne saurait être, ne saurait devenir entièrement libre.

L'animal qui peut surprendre sa proie et la dévorer pour prolonger sa vie, est plus libre que l'homme qui ne peut pas même manger un morceau de pain sec sans l'aide du forgeron et du laboureur, du meunier et du boulanger et de beaucoup d'autres. Il est donc un être essentiellement dépendant. Sans l'assistance des autres il périrait misérablement.

Au-dessus des prétendus droits absolus de l'individu se trouvent par conséquent les droits collectifs de la société. Aussi longtemps que la lutte pour l'existence n'a pas cessé, les intérêts seront en compétition et les intérêts supérieurs doivent tout primer. Tous, nous aspirons à la jouissance, mais ce qui est avantageux pour les uns est souvent préjudiciable aux autres, les actes de l'individu ont donc de l'influence sur les actes et le bien-être d'autrui. Il est donc nécessaire d'établir des règles sociales, c'est-à-dire des lois, au moyen desquelles la lutte contre la création n'est pas menée individuellement par chacun de nous, mais par l'armée compacte de tous.

Il n'est plus difficile maintenant de déterminer la sphère de chaque individu et de chaque groupe, de décrire le cercle dans lequel ils peuvent se mouvoir librement.

La réglementation sociale ne doit intervenir qu'en cas de nécessité ; toute entrave à la liberté doit être écartée quand la chose est possible. Les individus, qu'ils soient isolés ou réunis en groupes, ont donc leur sphère, leurs droits propres, et ceux-ci, seuls, sont soumis à l'approbation de collectivités plus grandes, quand les droits des autres y sont mêlés. Pour tout ce qui le concerne personnellement, l'individu doit avoir une liberté complète d'action. Une intervention quelconque dans ce domaine est illicite, et tyrannique. Il peut poursuivre son bonheur ou son malheur, servir ses intérêts ou leur nuire quand et comment il veut, pourvu que la lutte des autres ne soit pas entravée, que leurs droits ne soient pas sacrifiés.

L'intérêt de la société socialiste est précisément d'être composée d'individus pleins d'habileté, de fort caractère qui soient arrivés, au point de vue physique, intellectuel et moral, à un haut degré de développement. On ne doit donc pas tendre à abaisser, mais à élever, non à entraver, mais à développer la liberté des mouvements. De même que l'individu est dépendant de l'espèce, de même l'espèce est dépendante de l'individu. C'est pourquoi le développement libre de l'individu, son émancipation du joug de la nature, de la tutelle des personnes et de la tyrannie de la société, constituent les conditions essentielles du perfectionnement et du progrès, aussi bien individuels que sociaux. Pour activer ceux-ci, il faut que toujours le devoir général soit placé au-dessus de la liberté personnelle.

Si la lutte pour l'existence avait toujours été menée d'après ces règles, la civilisation se serait faite plus rapidement et plus régulièrement.

Mais la lutte formidable de l'humanité contre la nature n'a pas été menée avec autant de simplicité. Jamais jusqu'ici il n'a été question, et pendant des siècles il ne sera pas encore question, de la lutte collective des hommes.

Dans de nombreux combats, des groupes d'hommes se formèrent, tantôt d'après leurs cercles d'activité, d'après leurs demeures ou leurs propriétés et ils se livrèrent les uns contre les autres à des combats longs et sanglants. Les plus forts soumettaient les plus faibles afin de pouvoir jouir sans peine de leur travail.

Plus la possession des moyens d'existence était restreinte, plus on se battait avec acharnement. La famine amène le meurtre et l'assassinat à sa suite. L'inégalité des richesses conduit inévitablement à une lutte sans merci. Seule l'augmentation des moyens de production permet de donner une nourriture plus abondante et meilleure à un nombre toujours plus grand d'hommes. La liberté et le perfectionnement individuels ne sont possibles que dans des situations économiques favorables, puisque la possession des richesses est la condition première de la liberté et de la civilisation.

C'est ce que nous apprendra l'histoire, qui n'est, en définitive, que le récit de la lutte pour la vie pendant les siècles écoulés.

Et si nous voyons alors que la liberté individuelle se développe lentement et douloureusement, toujours en même temps que l'amélioration des moyens d'existence, on ne pourra plus infirmer cette conclusion : *La liberté individuelle ne peut se développer que par l'augmentation générale des moyens de subsistance*, et ce but peut être atteint, non par l'*individualisme*, mais par le *socialisme* seul.

LIVRE DEUXIÈME

HISTOIRE DE LA LIBERTÉ

> La marche de nos sociétés est comparable
> à celle de l'aï, dont chaque pas est
> compté par un gémissement.
>
> FOURIER.

> (1) Twe worde in die werel zijn,
> Dais allene *mijn* ende *dijn*,
> Mocht men die verdriven,
> Het were al *vri*, niemen eijghyn,
> Mannen metten wiven.
> Het wear ghemene tarwe ende wijn.....
>
> (de Jakob Van Maerlant, dans son *Wapene-Martijn*).

Si difficile qu'il soit de donner une définition stricte et absolue de principes de cette nature, il importe toutefois, pour éviter toute méprise et toute équivoque, d'essayer de déterminer nettement ce que, dans la suite, nous entendons par le terme vague de *liberté*.

(1) *Traduction* :
  Il est deux mots en ce monde ;
  Ces mots sont *mien* et *tien* ;
  Si l'on pouvait les bannir,
  Libres seraient alors hommes et femmes ;
  Il n'y aurait ni seigneurs ni serfs ;
  Chacun aurait du froment et du vin.

Nous pouvons dire *libre* tout individu possédant le pouvoir d'accomplir sa volonté.

Il y a, dès lors, autant de variétés de liberté qu'il y a de manifestations de cette volonté, et l'on peut distinguer, notamment, la liberté de la parole, la liberté de penser ou d'écrire, la liberté de travailler, de se fixer, de reproduire l'espèce.

Mais toutes ces libertés, et tant d'autres, peuvent être entravées par des forces extérieures, provenant soit de la nature, soit des hommes. La liberté de l'individu, et nous ne parlons que de celle-là pour le moment, est donc restreinte ou limitée par les lois naturelles et par le pouvoir d'autres individus. Les premières sont immuables et nous y sommes assujettis tous et toujours ; quant à la puissance des hommes, elle a été soumise à de nombreuses transformations, sans que jamais fût atteint cet idéal : que nul ne pourrait ni ne voudrait abuser de son pouvoir vis-à-vis de l'individu.

Souvent, voire presque toujours, les limites du pouvoir légitime vis-à-vis de l'individu ont été dépassées ; aussi l'histoire de la liberté individuelle n'est-elle que l'histoire des abus du pouvoir, le récit de la lutte du droit individuel contre la puissance oppressive.

Dans ce qui suit, il n'est pas question de la liberté du vouloir, mais bien de la liberté sociale de l'individu, non de la liberté à l'égard des lois invariables de la nature, mais de la liberté à l'égard des autres groupes d'hommes. Nous définissons donc ainsi la *liberté individuelle : l'absence de toutes entraves artificielles dans l'exercice de la volonté personnelle.*

L'homme ne serait, dès lors, absolument et complètement libre que s'il pouvait vivre en dehors de tous
rapports avec d'autres et s'il se trouvait en même temps
en possession des moyens de mener avec succès le combat pour l'existence. Car, dès qu'il entre en contact
avec d'autres hommes, la toute première manifestation
de sa volonté, le désir de vivre et de jouir, se trouve en
conflit avec la volonté d'autrui, et cette lutte pour l'existence se termine par la tyrannie de celui qui sait s'emparer des moyens de subsistance.

Les éternels ennemis de la liberté individuelle sont
ainsi les possesseurs des moyens de production, c'est-
à-dire de la vie, et ceux qui les détenaient furent toujours, sous des dénominations diverses, les maîtres des
dépouillés. C'est ainsi que nous verrons surgir des
hommes libres et des esclaves, des maîtres et des do-
mestiques, des princes et des sujets.

Non seulement *la possession* engendra la puissance,
mais elle fut aussi la cause de la suprématie du gouvernement sur le peuple, de l'homme sur la femme. C'est
elle qui fit que toujours le droit dut céder devant la
force.

Ce n'est que peu à peu que se manifesta la notion des
droits de l'homme, et elle ne se développa que très
lentement ; aujourd'hui seulement, au seuil du vingtième siècle, elle a pénétré suffisamment dans les masses
pour permettre à celles-ci d'exiger ces droits avec chance
de succès.

La lutte du droit contre la force, de la liberté contre
l'oppression, fut infinie ; la lutte pour la vie fut impla-

cable et sans merci ; sanguinaire fut la mêlée des classes pour la meilleure place au festin de la vie.

L'histoire devient un combat furieux et persistant pour le butin, c'est-à-dire pour *la propriété*, sous les formes et sous les appellations les plus diverses.

Déjà aux âges préhistoriques, alors que les mammifères humains erraient pillant et massacrant dans les forêts, commença la lutte pour la vie. Faible dans sa défense contre les bêtes féroces, l'homme eut fréquemment le dessous et devint lui-même la proie du plus fort. Mais du jour où il entra en possession d'une massue ou d'une pierre pointue, il lui fut plus aisé de se procurer ses aliments ; il n'eut plus à fuir anxieux de caverne en caverne, et il acquit ainsi une certaine liberté de mouvement, une plus grande sécurité.

Un coup de massue, porté traîtreusement de derrière quelque retranchement, étendait sans connaissance quelque femme, qu'il traînait dans sa caverne et qu'il astreignait à travailler pour lui et pour sa progéniture, tandis qu'elle-même vivait péniblement des os dédaignés qu'on voulait bien lui abandonner.

C'est ainsi que commença pour la femme une servitude, un esclavage qui, après tant de siècles, dure toujours.

Chaque individu ne se souciait que de lui-même, cueillait les fruits de l'arbre, arrachait du sol les racines, et souvent des combats terribles s'engageaient pour l'eau d'une source, qui devait étancher la soif, ou pour une femme, qui devait apaiser la passion charnelle. Il se trouve encore sur la surface du globe des êtres humains qui ne sont guère allés au delà de cet état primitif, dans lequel l'humanité resta plongée pendant une accumulation de siècles.

Car il se passa du temps avant qu'à cette lutte sauvage pour la vie vînt se substituer une certaine coopération entre individus habitant à proximité les uns des autres, formant alors des *hordes*. Avec le premier groupement, résultat d'une vie plus sociale, naquit aussi la notion du *droit*. Il devint possible, après cela, de mettre le sol en culture et d'élever du bétail, et le besoin d'ordre et de sécurité les amena bientôt à défendre en commun, collectivement, contre les attaques d'autres hordes, leurs champs, leurs animaux, leurs territoires de chasse, en un mot leur possession, leur bien, c'est-à-dire leur *vie*.

Tout d'abord, la force de travail d'un seul homme ne produisait pas plus que son très modeste entretien ; mais cela se modifia peu à peu : notamment la découverte du feu et plus tard l'invention de l'arc et de la flèche vinrent l'arracher à cet état de sauvagerie.

Le bien acquis cessa d'être consommé au jour le jour ; on fit provision de subsistances, et l'on trouva ainsi le loisir voulu pour se livrer à la construction de cabanes.

Les rapports sexuels, primitivement sans frein aucun, furent soumis à certaines règles, d'où la notion de la parenté. La horde fut remplacée par des communautés fixes d'individus apparentés, qui constituèrent à leur tour ces groupements, si importants dans l'histoire, que les Romains appelaient « gentes »,

Après la constitution de la gens, la culture du sol prit un essor nouveau, et la découverte du fer vint, plus tard, donner à l'espèce humaine une arme puissante dans sa lutte contre la nature et pour l'existence. Le sol resta toujours propriété collective, sur laquelle tous jouissaient de prérogatives égales ; tous devaient s'entr'aider et se secourir les uns les autres ; l'offense faite à l'un d'eux était vengée par la gens entière, et tous jouissaient du produit du travail et des combats.

Les Iroquois qui, de nos jours, vivent encore en « gentes », disent : « Lorsque le Grand Esprit couvrit de fruits la terre et la peupla de gibier, ce ne fut pas au profit de quelques-uns, mais de tous ». Quiconque pénètre dans leur hutte, peut prendre ce qui lui convient, et même le fainéant reçoit de la nourriture ou la prend. Le sentiment de l'égalité est encore si grand chez certaines peuplades qui, dans leur développement, n'ont pas encore franchi le stade de la gens, qu'un jour Darwin, faisant don d'une couverture à un habitant de la Terre-de-Feu, vit aussitôt celui-ci la découper en bandelettes égales et distribuer celles-ci à ses camarades.

Toutefois, même dans la « gens » organisée la liberté et l'égalité n'étaient pas également grandes pour tous ; il y avait le privilège du fort vis-à-vis du plus faible : femme, enfant, étranger.

Les limites dans lesquelles étaient permis librement les rapports sexuels furent restreintes de plus en plus ; après la défense des relations charnelles entre enfants d'une même mère, celles entre enfants de sœurs furent interdites également ; et plus tard on eut la *syndias-mian* (ou *famille couple*), le couple ne cohabitant point toutefois (voir Morgan, *Ancient Society*, pages 97 et suiv.) et l'homme et la femme continuant à faire partie chacun de sa gens propre.

C'est celle-ci — la « gens » — et non la famille — qui constituait alors l'élément de la société ou communauté.

Les enfants portaient encore toujours le *nom de leur mère* — le seul véritable — jusqu'à ce qu'enfin, par suite du développement continu de l'agriculture et de l'élevage du bétail, l'homme conquit dans la communauté une place économiquement plus importante que celle qu'occupait la femme ; la femme le suivit dans sa « gens » à lui, perdant ainsi ses droits antérieurs sans en acquérir de nouveaux.

De cette cohabitation résulta la *monogamie*, mais la femme devint la « chose », la propriété de l'homme, au même titre, par exemple, que ses ornements ou que ses armes.

Le sort et la liberté de la mère et de l'enfant restèrent toujours étroitement unis ; c'est ainsi que l'enfant aussi devint la propriété de l'homme dont il prit le nom ; cet abus a perduré jusqu'à nos jours.

Le *patriarcat*, ou la suprématie du père, remplaça le matriarcat (que l'on rencontre encore fréquemment dans l'Archipel Indien). Et l'homme, plus fort, « prit aussi la direction de l'intérieur, où jusque-là la femme était restée maîtresse ; la femme se trouva amoindrie, humiliée, vouée à la sujétion, à la servitude ; elle de-

3.

vint tout bonnement l'esclave des passions de l'homme et un instrument de reproduction » (Fr. Engels).

Primitivement, tous les membres libres de la souche ou tribu étaient tenus de protéger mutuellement leur existence et leur liberté. Ces principes de liberté, d'égalité effective et de fraternité, vinrent accroître la valeur et la dignité personnelles de chaque membre de la gens. Encore aujourd'hui, l'on peut admirer chez les tribus d'indiens leur inflexible esprit d'indépendance et un sentiment profond d'amour-propre ; ce qui prouve que la vraie solidarité n'est nullement préjudiciable au développement de la conscience personnelle de l'individu.

La constitution de la gens ne tolérait ni domination, ni servitude. On pouvait anéantir la tribu, non la soumettre. L'organisation économique était *communiste* ; le gouvernement (?) était démocratique et toute résolution devait (chez les Iroquois tout comme dans les « Marks » de la Germanie) recevoir l'approbation unanime.

Tout ce qui pouvait être utilisé ou fructifié en commun était propriété commune : tels le champ, l'habitation, l'embarcation. L'homme ne possédait personnellement et en propre que ses armes et ses outils, son attirail de chasse et de pêche ; la femme, les objets de ménage.

La seule division du travail d'alors reposait sur la différence de sexe : l'homme allait à la chasse et à la pêche, la femme se consacrait aux occupations du foyer : vêtements et ménage.

Mais dès que la femme fût devenue la propriété de l'homme, presque tous les travaux lui furent abandon-

nés, à elle seule et à ses enfants.... Le communisme de
la gens, que l'on exalte trop parfois, n'était en vérité ni
« le travail de chacun selon ses forces », ni « la consommation selon ses besoins ». L'homme ne vivait que
pour le délassement et la jouissance, et imposait par
la violence aux plus faibles les travaux lourds et pénibles. Et du jour où l'on vit l'un vivre du travail de l'autre, l'égalité cessa d'exister au point de vue de la possession, et le travail se trouva dédaigné et discrédité. A
l'unité d'intérêts des compagnons de la gens se substi-
tua peu à peu l'antagonisme et le choc des intérêts,
donc la lutte.

La *gens*, qui fut le premier noyau de la vie sociale,
et qui constituait un groupement aussi bien politique
qu'économique et religieux, se trouva vouée à la décadence par le fait de cette division du travail et de l'inégalité de biens qui en était la résultante. Lorsque l'on
sut tisser des étoffes, lorsque l'on sut travailler les métaux et se procurer ainsi des armes et des outils meilleurs, lorsque la distinction entre les peuplades nomades ou bergères et les tribus d'agriculteurs créa le *commerce d'échange*, le bétail servant de moyen général
d'échange (*monnaie*), — on connut des riches et des
pauvres, des privilégiés et des opprimés.

La « gens » ou tribu se considérait comme consti-
tuant l'humanité entière ; ce qui était situé au delà des
limites de son territoire n'était que le séjour méprisé
des étrangers privés de tous droits. Une lutte sans fin
s'engagea contre les étrangers (hors de la gens), pour
les meilleures terres, les meilleurs emplacements, les

meilleurs moyens de production, voire pour la possession des produits. La fameuse règle : « Malheur aux
vaincus ! » semblait être le droit naturel, et tous les
« ennemis », c'est-à-dire tous les individus n'appartenant pas à leur gens, tribu ou race, étaient tués sans
pitié.

Toutefois, le perfectionnement constant des instruments de travail, les avantages croissants de la division du travail, la multiplicité toujours plus grande des
moyens de travail, firent hausser la valeur de l'homme
comme *producteur*. Auparavant, chaque individu était
à peine en état de pourvoir à son propre entretien ; on
considérait maintenant que le travail de l'ennemi vaincu
était plus profitable au vainqueur que sa mort, et on
laissait la vie à l'étranger afin de jouir de son travail :
le vaincu devint la chose, la propriété du vainqueur,
Ainsi naquit l'*esclavage*.

Celui qui pouvait faire travailler pour lui le plus grand
nombre d'esclaves, acquit aussi le plus de biens, devint
plus puissant que les autres ; et ainsi disparut, sous
l'action de la propriété, l'esprit de fraternité de l'antique gens, pour faire place à une distinction de classes.

Et nous voici au seuil de l'histoire écrite.

Ce n'est donc pas l'influence des dieux (personnifi-
cations des forces de la nature, inspirant aux hommes
la crainte ou le respect) qui vint sauver la vie des vaincus ; ce ne sont pas davantage les règles de la morale

(à peine existante et ne se révélant que dans l'assistance mutuelle que se prêtaient les membres d'une même tribu), qui vinrent mettre un terme au massacre des ennemis..... Ce ne fut que la conséquence de la phase nouvelle dans laquelle était entré le développement économique.

Grâce à leur puissance plus grande, certains chefs de famille dérobèrent les biens de la communauté, la terre de culture et le bétail. La *propriété individuelle* est née ainsi du vol et de la rapine, « tout comme le rapt avait fait de la femme un objet, une propriété personnelle » (Lubbock).

Le chasseur, sauvage mais pauvre, honorait ses compagnes et travaillait pour elles ; le berger, doux, aspirant à la possession, en fit ses esclaves. Ce qui prouve encore à l'évidence que seule la lutte pour l'existence a décidé du sort des prisonniers de guerre et des femmes, c'est ce fait que, dans toutes les régions où les aliments naturels étaient rares, ont perduré longtemps encore les sacrifices humains et, notamment, l'immolation des enfants du sexe féminin et des vieillards.

Il n'était point question de droits pour les esclaves ; comme toutes autres marchandises et moyens d'échange, ils étaient mis au même rang que les animaux et, comme ceux-ci, on les entretenait ou on les tuait, selon l'intérêt de leur propriétaire et maître. Point de droit, point de pitié pour le vaincu dans la lutte. Aussi bien sur les rives du Gange, dont les occupants noirs primitifs furent soumis par les Hindous, et où le mot *caste* signifie encore « noir » (varna), que dans l'île Britannique (ou des Brittes) prise par les pirates anglo-saxons, partout l'indigène, l'autochtone devint le sujet, l'esclave du conquérant.

Par cette distinction en classes ou castes et par l'inégalité de possession, l'antique gens disparut ; le heurt des intérêts et des convoitises rendit nécessaire l'avènement d'une troisième puissance dominatrice.

L'État prit naissance.

Bien que ce phénomène se manifeste à peu près de la même manière partout où l'amélioration des conditions de production et l'établissement de la propriété individuelle avaient amené la dissolution de la « gens », il présente, pour nous, un intérêt spécial chez ces peuples dont les vicissitudes appartiennent plus directement à notre histoire, les *Grecs*, les *Romains*, les *Germains*.

Morgan, qui a consacré sa vie entière à l'étude de cette question, a montré d'une façon irréfutable dans son œuvre maîtresse : *On Ancient Society*, l'uniformité de la constitution et du développement de la gens en Grèce et chez les Peaux-Rouges de l'Amérique. Et Fr. Engels a condensé magistralement ce beau livre, tout en le complétant, dans *Der Ursprung der Familie, des Privateigenthums und des Staats* (1).

Des circonstances identiquement les mêmes ont, en Amérique comme en Grèce et à Rome, engendré puis dissous la *gens*, les *fratries*, les *tribus* et les *confédérations*. Partout l'égalité de possession assurait à tous l'égalité des droits ; tous les membres de la même

(1) *L'origine de la famille, de la propriété privée et de l'État*, trad. franç. par Henri Ravé, Paris, 1893.

communauté avaient voix au chapitre quand il s'agissait de se prononcer sur des questions capitales. Peu à peu se dessine, à la suite des guerres, une sorte de royauté, élective d'abord, plus tard héréditaire, qui toutefois n'acquit que rarement une réelle puissance.

Chez les Hellènes la lutte pour l'existence ne fut point rude ; et pourtant, là aussi, l'introduction des métaux dits nobles ou précieux mit fin à la gens primitive où n'étaient connus ni argent ni dette, ni avance, ni hypothèques. Mais l'or ne connaissait ni gens, ni fratries, auxquelles il porta le coup de grâce.

Toute la puissance vint aux mains des riches, qui *seuls* pouvaient occuper des fonctions publiques, et ainsi se confondirent la propriété et la puissance politique. Aristote démontre déjà que cette inégalité était la source des innombrables révolutions dont la succession constitue l'histoire politique.

En vain Solon, le révolutionnaire de son époque, tenta par l'abolition des bornes séparatives, par l'expropriation des créanciers au profit des débiteurs et par le partage égal du sol, de rétablir la paix sociale. Pourtant, grâce à ces réformes, l'inégalité s'accrut dans des proportions moindres (1).

(1) Après le règne des **XXX** tyrans, 16.000, parmi les 21.000 citoyens, possédaient des terres, en moyenne 9 1/2 hectares ; les plus riches d'entre eux, Alcibiade, Aristophane, etc., ne possédaient pas au delà de 82 hectares. Malgré les guerres nombreuses, qui amenèrent la perte des possessions étrangères, *un quart* seulement des citoyens se trouvaient absolument privés de propriété terrienne.

Même plus tard, sous Philippe de Macédoine, le revenu moyen des *riches* équivalait à 2.500 francs seulement ; celui des chevaliers à 1.500 francs et celui des cultivateurs à 1.000 francs.

Les revenus les plus considérables dont Démosthène fasse mention, ne dépassent guère 15.000 florins.

Le prolétaire avait assez pour vivre ; et, grâce au faible écart dans la possession, un gouvernement populaire libre fut possible, qui répartit les contributions équitablement et proportionnellement entre les différentes classes, et qui remplaça les rois par des exécuteurs responsables de ses décisions. Et bien que l'esprit républicain du gouvernement exigeât l'absorption de l'individu dans l'État, le sentiment de liberté individuelle du peuple ne se trouvait point froissé par le lien unissant le citoyen et l'État. Ce sentiment sut toujours contenir d'une façon prompte et décisive toutes les tentatives de l'aristocratie pour conquérir l'autorité. L'égalité économique ne laissait pas place pour la tyrannie ; elle était la meilleure garantie de la liberté populaire.

Mais cette liberté ne concernait que les possédants. Et si, dans les pays asiatiques, le despote, seul possesseur du territoire, avait le droit de vie et de mort sur tous ses sujets, en Grèce, les bourgeois, les seuls à qui il était permis de détenir des terres, exerçaient le pouvoir le plus absolu sur les autres habitants. Non seulement tous les non-grecs ou « barbares » étaient condamnés à l'esclavage, mais le citoyen grec lui-même ne conservait sa liberté qu'aussi longtemps qu'il ne devenait point pauvre ou endetté.

Le nombre des citoyens possédants vint à diminuer et finalement — d'après Hildebrand — plus des trois quarts de la population se virent écartés de tous droits. On le conçoit, le nombre sans cesse grandissant des non-possédants n'était pas intéressé à la liberté d'une patrie qui ne leur procurait ni les droits ni le bonheur ; et à l'arrivée des Romains la Grèce n'eut plus de défenseurs. Les riches, seuls, furent impuissants à protéger la liberté hellénique, et la Grèce croula, comme plus tard Rome elle-même, sous l'inégalité de possession.

Il ne peut entrer dans notre plan de rechercher, pour chaque peuple en particulier, comment est sortie du *chaos* la *horde* et de celle-ci la *gens*, cette première communauté d'égaux et de libres, pour autant qu'ils avaient part à l'avoir collectif, ni de montrer comment, par suite de la possession individuelle, l'inégalité de puissance, de droit, de liberté et de bonheur s'est développée d'elle-même, et comment cette organisation des classes privilégiées a donné naissance à l'État.

Ce serait certes une tâche aussi glorieuse qu'ardue pour un historien non prévenu que de refaire l'histoire du peuple en prenant pour fil conducteur le développement économique de l'humanité et en se plaçant au point de vue scientifique de Marx, d'Engels et de Morgan. Quant à nous, nous devons nous contenter de quelques traits.

Après la disparition de la *gens* (le « clan » des Scots ou Écossais, le *sept* des Irlandais, les *tribus* germaniques, la *fara* des Langobards, dont l'existence a été retrouvée dans l'Asie méridionale et dans l'Oural, chez les Hébreux et chez les Peaux-Rouges, en Afrique et en Australie, chez les Grecs, les Latins et les Mongols), — après la disparition de la « gens » à *Rome*, nous voyons aussi l'aristocratie fermée des possédants en présence de la plèbe et des esclaves sans droits.

Nous passons les soulèvements sanglants, qui furent impuissants à améliorer les situations aussi longtemps qu'une transformation dans les conditions de la production et dans la division du travail ne vint pas rendre nécessaire et possible un changement.

La poursuite de la richesse prit à Rome les formes les plus brutales : « Notre besogne, disait le Sénat à l'époque des guerres contre Carthage, est de vaincre les peuples industrieux et laborieux et de les rendre tributaires. Persévérons donc dans la lutte qui fait de nous leurs maîtres ».

Et Rome, l'État insatiable par excellence, resta fidèle à cette devise. Tandis que d'incessantes guerres de conquête avaient enrichi quelques individus, la classe moyenne avait disparu et les esclaves seuls travaillaient, et ceux-ci se voyaient traités avec cruauté. Ils portaient au front la marque de la servitude ; leur tête était rasé, leurs pieds étaient munis d'un anneau, leur peau portait les traces des lanières ; quelques haillons et un lambeau d'étoffe autour de la ceinture devaient suffire à cacher leur nudité. Couvertes de poussière et d'ordures, ces victimes dans la lutte pour la vie étaient vouées aux labeurs pénibles, en échange desquels elles recevaient, il est vrai, la nourriture, mais elles étaient exposées aux plus mauvais traitements, à toutes les tortures et aux plus grands périls.

Plaute écrit, en parlant du « pistrinum » (pétrin ou boulangerie), où les esclaves devaient pétrir la farine : « Là gémissent et pleurent ces misérables esclaves qui mangent la polenta (gruau de maïs séché au feu) ; là résonnent le claquement des fouets et le bruit des chaînes ; là, le cuir des bœufs morts lacère l'épiderme des vivants ».

Les guerres de conquête et de pillage vinrent augmenter toujours le nombre des esclaves, de sorte que même les plébéiens romains (la petite bourgeoisie laborieuse) n'avaient plus à travailler. L'emploi exclusif des bras serviles fit péricliter l'industrie et l'agriculture ; mais les trésors apportés à Rome par les glorieux conquérants s'amoncelaient toujours.

L'amour du luxe et l'opulence des 10.000 sénateurs et chevaliers, qui tous étaient devenus richissimes, prirent des proportions inquiétantes. Certains d'entre eux tenaient jusqu'à 4.000 esclaves, de quoi faire mourir d'envie même un grand industriel moderne. Cent cinquante ans après le Christ, 900.000 se trouvaient réduits en esclavage, à Rome seulement, et privés ainsi de tout avoir comme de tout droit et de toute jouissance ! Dans la Gaule romaine, les classes supérieures ne comptaient que 60.000 âmes ; mais la plèbe comptait trois millions et demi d'individus, et même, selon Levasseur, six millions.

Et toujours la concentration de la propriété allait s'accentuant, jusqu'à ce qu'enfin quelques personnes possédèrent des territoires immenses et disposèrent de la vie des habitants (1). Mais cette suprématie ne fut

(1) Sous Néron, 6 propriétaires possédaient la moitié de toute la province d'Afrique. Presque tout le Péloponèse de Thrace appartenait en propre à Agrippa. Les plus grandes fortunes connues étaient celles de Lentulus et de Narcissus (un esclave affranchi), qui possédaient de 40 à 54 millions de florins (soit le

pas de longue durée : « les latifundia *(*la grande propriété territoriale) causèrent la ruine de Rome »(Pline). Quand Rome ne fut plus défendue par des citoyens libres, mais par des mercenaires ou *soldats* (de *solidis*, argent, monnaie), c'en fut fait d'elle.

Du Nord surgirent de rudes tribus de « barbares », qui, attirés par les richesses de l'Italie, dépossédèrent les possesseurs antérieurs. Ces expéditions sanglantes furent un crime au point de vue de la civilisation. Les Romains peuvent avoir donné au monde, tout comme les Grecs, quelques admirables penseurs, mais la notion étroite, selon laquelle tout non-Romain était, comme homme, sans aucun droit, confirmait de désolante façon leurs sentiments moraux. Ils n'avaient « ni œil, ni cœur » pour tout ce qui était en dehors de leur propre cercle ; pour eux, l'humanité se trouvait restreinte à Rome et à la région avoisinante.

Nous avons dépeint le triste sort des esclaves. Quant aux femmes-esclaves, elles ne servaient qu'à la satisfaction des appétits charnels de leurs maîtres, tandis que l'épouse était considérée comme un mammifère, devant servir tout bonnement à la conservation de l'espèce.

Toutefois la femme qu'un certain avoir avait rendue quelque peu plus indépendante, jouissait de plus de prérogatives que la mère de famille pauvre, dont la seule

double en francs). La richesse légendaire de Crassus ne dépassait pas 22 millions de florins.

Jules César enleva au roi d'Egypte 6.000 talents (fr. 34 millions) et Crassus déroba dans le temple de Jérusalem 10.000 talents, soit environ 56 millions de francs.

destinée était de vivre retirée et de mettre au monde
des enfants et de les allaiter. L'enfant partageait le sort
de la mère opprimée ; le père avait sur lui le droit de
vie et de mort. La science et l'art des Romains de ce
temps-là, pour autant qu'ils ne leur venaient pas de la
Grèce à prix d'argent, ne se rapportaient qu'à la guerre.
C'était une véritable bande qui régnait alors à Rome.
Mais, nous le répétons, l'accumulation des richesses aux
mains de quelques-uns fut, comme toujours, la cause
de la chute de Rome. Le nombre des déshérités avait
augmenté sans cesse ; aussi les révoltes des esclaves
(conduits par Spartacus) et les attaques des barbares
affamés et avides devaient faire crouler l'hégémonie
romaine.

Les conditions économiques avaient rendu insuffisante sa puissance de résistance et les ennemis de
Rome purent ainsi, à leur tour, la battre aisément. Ces
ennemis furent les *Germains* et le *Christianisme*.

Comme réaction contre les excès et les débordements
des riches, s'était propagée rapidement dans les territoires du vaste Empire romain une doctrine née au sein
de la plèbe de la Galilée. Loin d'aspirer à l'opulence
et aux satisfactions de la vie matérielle, les artisans,
initiateurs de cette doctrine, prêchaient la pauvreté et la
mortification ; aux criantes inégalités existantes ils
substituaient l'égalité et la fraternité de tous les hommes
devant Dieu.

Ce n'est pas la partie théologique du christianisme
qui fit pénétrer la doctrine nouvelle dans les foules mé-
connues et opprimées ; car, que la religion prenne la

forme du fétichisme ou de l'adoration du soleil, du polythéisme ou du monothéisme, elle reste en fin de compte une adoration des forces de la nature régissant notre existence. Le bouddhisme tout comme le christianisme, ces deux religions universelles aux affinités si saisissantes, ont été bien plus une révolution sociale qu'une rénovation religieuse.

L'essence de la prédication chrétienne est la haine des riches et le mépris des jouissances terrestres, la communauté des biens et la répartition de ceux-ci selon les besoins de chacun (Actes des Apôtres, IV-34).

C'était donc la théorie de la *Consommation selon les besoins*, tant vantée jusque dans ces derniers temps par les communistes, et qui est encore en faveur chez beaucoup. Mais comme toute doctrine qui ne découle pas des conditions existantes et qui ne tient pas compte du développement économique de l'époque, le communisme chrétien ne pouvait être appliqué d'une façon durable.

On le tenta quelquefois, mais en vain. Cette doctrine ne put être réalisée que dans les couvents, communautés distinctes vivant séparées du reste de la société. La plupart des « hérétiques » qui, au cours des siècles, ont été exterminés par le glaive et par le feu, étaient des communistes qui voulaient retourner à la pureté primitive du Christianisme, car, chez les chrétiens aussi, le mouvement égalitaire, révolutionnaire, primitif, dégénéra bientôt en une chasse à la propriété. Leur pauvreté volontaire ne tarda pas à être remplacée par l'accumulation des richesses, que, certes, certains pères de l'Eglise anathématisèrent, mais qui, en fin de compte, n'en assuraient pas moins la puissance, « non pas à tous les enfants d'un seul Père »; mais aux prêtres richissimes. C'est surtout après sa honteuse alliance avec le criminel Constantin (que l'Eglise proclame le « grand » et le « saint » !) que l'Eglise s'écarta totalement de sa doctrine primitive pure, toute d'amour et de fraternité.

L'idéal communiste fut renié, l'égalité des membres de la communauté disparut, les évêques, choisis parmi les grands de la terre, ne visaient qu'à la richesse et en vinrent à ne considérer la religion que comme chose secondaire et accessoire. Toutefois, dégénéré ou non, le christianisme, par sa doctrine de la résignation, n'était pas par lui-même assez puissant pour amener la chute du peuple romain. Il a fallu pour cela un levier plus puissant que toutes les doctrines religieuses : l'éternelle *lutte pour l'existence*, qui devait entrer dans un stade nouveau, favorisée en cela par l'épée des Germains.

Nous retrouvons dans les sombres forêts de la Germanie l'antique organisation de la *gens*. Le sol peu fertile ne procurait aux tribus qu'une existence pleine de soucis ; l'élevage du bétail, la chasse et une industrie encore embryonnaire devaient pourvoir à leurs besoins. Mais si les individus d'une même tribu ou gens étaient tous également pauvres, ils étaient aussi également libres. Le pouvoir effectif résidait dans les assemblées générales, où étaient débattus et réglés les intérêts communs.

La royauté absolue ne pouvait prendre racine chez un tel peuple, et l'on trouve une protection suffisante de l'avoir commun dans l'obligation pour tous de le défendre ; ce régime perdura encore longtemps dans les « marks ».

La misère, mais plus encore la migration d'autres peuples à la recherche d'un établissement meilleur, les poussèrent vers l'Italie. Ce n'étaient point des armées compactes et disciplinées qui entreprirent ces expéditions, mais des hommes libres, associés librement en vue du butin. Tous ceux qui partageaient les dangers de la guerre acquéraient un droit égal sur les terres conquises. Ce n'était pas une lutte de races qu'ils menaient, mais une lutte pour une existence meilleure ; ce n'était pas le combat pour la liberté, mais ils se battaient pour une question économique.

« Donnez-nous un tiers de l'Italie, disait Odoacre, nous le cultiverons mieux que vos esclaves ! ». Comme on le leur refusa, les barbares Germains prirent possession des deux tiers du territoire ; ils partagèrent une partie de ce sol entre les guerriers qui, de ce chef, étaient tenus à des services déterminés ; le reste devint propriété indivise de toute la tribu.

Les bois et les prés restèrent toujours biens communs, ce qui perdura longtemps encore, après la dissolution de la « gens », dans la « mark », aussi bien dans le nord de la France qu'en Allemagne et en Angleterre.

Aussi longtemps que subsista la propriété collective, même partielle (ce qui fut le cas dans le Nivernais et dans la Franche-Comté jusqu'au xviiie siècle ; dans les « Allmenden » de la Suisse, en Serbie, en Croatie, en

Hollande, en Allemagne et en Scandinavie, jusqu'à nos jours, comme en Italie, en Gallicie, en Ecosse, les cultivateurs avaient une certaine garantie contre la misère et l'oppression ; avec leur dernière propriété ils perdirent aussi leur liberté. Les champs des vaincus devinrent la proie des vainqueurs ; la propriété octroya l'autorité et la souveraineté, qui ne cessèrent pas d'être *collectives* aussi longtemps que la propriété resta indivise, mais qui devinrent *personnelles* dès qu'elle passa à des individus ou à des classes, dans ce dernier cas à la classe des guerriers. Le *féodalisme* (du germain *fe-od*, ou *fehod*, qui signifie : cadeau, présent) naquit du vol et de l'octroi de lots de terre aux guerriers.

Et de cette inégalité de possession résulta la distinction entre libres et asservis. Les premiers, les chefs de bande heureux, furent nommés « adelingen » (*nobles*) ; ils étaient les principaux possesseurs du sol, dont une minime partie seulement fut abandonnée aux *affranchis*. Les « liti » ou *asservis* étaient astreints à des charges et à des corvées ; les prisonniers de guerre devenaient *esclaves*.

Ceux qui célèbrent la liberté germanique ne doivent pas oublier que celle-ci n'existait que pour les possesseurs du sol et non pour la masse des sans-avoir. C'est de cette aristocratie de la propriété que sortit la *noblesse féodale*, dont nous parlerons plus loin.

Peu à peu l'esclavage devait prendre fin, non sous l'influence du christianisme, qui prêchait aux esclaves la soumission et la résignation au lieu de la résistance, mais parce que le travail servile cessa d'être rémunérateur. Aussi longtemps qu'ils y trouvèrent leur profit, les églises et les couvents tinrent des esclaves, aussi bien que la noblesse terrienne ; le pape Grégoire Ier rendit, le premier, la liberté à deux esclaves du temple (vers la fin du vie siècle). L'esclavage devait être remplacé par une nouvelle organisation du travail : au lieu de confisquer totalement le travailleur et de lui assurer en échange l'entretien, on lui laissa ce dernier soin, mais on préleva une grande partie des produits du travail. Déjà Xénophon avait prévu, en ces termes, que cela arriverait un jour : « Faites *libres* les esclaves pour retirer davantage de leur travail ». La difficulté de surveiller le travail sur de vastes étendues *(latifundia)*, le mauvais vouloir des travailleurs, et surtout les soulèvements continuels firent comprendre aux propriétaires d'esclaves l'urgente nécessité d'une autre organisation du travail. Déjà avant le iiie siècle, on avait octroyé de petites parcelles de terre à des fermiers, qui devaient céder de 5/6 à 8/9 de leurs produits. On abandonna aussi de petites parcelles à des *colons* ou fermiers, tenus à une redevance annuelle vis-à-vis du seigneur. Leur force de travail fut portée en compte dans l'évaluation de la valeur des terres ; avec les *clients* (plèbe), ils furent les précurseurs des serfs du moyen-âge, qui devaient remplacer les esclaves de l'antiquité.

Du vie au ixe siècle, beaucoup d'hommes libres, qui possédaient encore une partie du butin commun, se placèrent de leur propre mouvement sous la tutelle du *patronat* (les *patriciens* ou notables, à Rome ; les plébéiens étaient les gens de condition inférieure), qui pouvaient protéger plus efficacement leur vie et leurs biens. A leur sécurité ils sacrifiaient leur liberté : « le désir le plus ardent des hommes, en ce temps-là, n'était pas d'être *libres*, mais de vivre en sécurité ». N'est-ce pas encore souvent le cas de nos jours ?

Beaucoup cherchèrent protection à l'ombre des églises et des couvents qui, riches et puissants, défrichaient le sol en grand. L'influence des prêtres et des ordres religieux n'avait fait que grandir avec leurs richesses. Tour à tour ils avaient trouvé leur salut dans une indépendance absolue vis-à-vis des pouvoirs établis ou dans une alliance soit avec les monarques, soit avec la noblesse hostile aux princes ; tantôt ils avaient tiré parti et profit des méfaits des grands et de leur crainte de l'enfer, tantôt ils avaient exploité la peur de la fin du monde, annoncée pour l'an mille. Ils avaient toujours su mettre habilement à profit les circonstances et les événements, si bien que leurs richesses avaient pris d'énormes proportions (1).

Les paysans, naguère libres (*Odalbauer*) de l'ancienne Germanie, déjà appauvris et devenus fermiers ou « Zinsbauern », et réduits à l'extrême détresse par les dettes, les amendes, les peines multiples et fréquentes, ainsi

(1) Dès la fin du ixe siècle, en aule, 1/3 du sol appartenait aux églises et aux couvents. — Les dîmes ont produit des trésors ; elles furent *imposées* pour la première fois à tous les chrétiens de France par le synode de Tours(567), et le synode de Mâcon(585) renforça cette décision en décrétant l'excommunication contre quiconque manquerait à l'obligation de la dîme.

On exigeait en réalité la « decima personalis » ou un dixième de *tous* les salaires et de tous les rendements indistinctement (W. Roscher).

que par les rapines, cherchèrent dans le *servage* une protection contre les expéditions de pillage, les exactions et les violences de la noblesse ou chevalerie. Pourtant le serf était entièrement assujetti à l'arbitraire de son seigneur et maître, à qui appartenaient ses biens, son honneur et sa vie. Comme le bétail, on l'achetait, on le vendait ; dans les petites guerres incessantes entre seigneurs voisins, il se voyait dépouillé, ruiné, parfois massacré. Astreint à de rudes corvées pour l'entretien des habitations de son maître et des chemins, pour la culture des champs du seigneur, ployant sous les taxes et tailles de toutes sortes et notamment sous la dîme due à l'Église, il payait pour pouvoir moudre son blé, presser son vin, cuire son pain ; il devait des péages sur les routes construites par lui ; des droits frappaient tous les produits qu'il amenait au marché : droits d'étalage, de mesurage, de pesage.

Serf ou mainmortable (1), vilain ou fermier, toujours il se voyait frustré des fruits de son travail, et sa vie n'était qu'une succession et un enchaînement d'oppressions. Terrible était la souffrance des pauvres gens en cette époque de désordre et d'anarchie, où dominait le droit de la force, le « vuistrecht ».

L'homme libre pouvait porter la chevelure longue et la barbe, le bouclier, la lance ou l'épée ; mais le *serf* ou *vilain* devait avoir la tête rasée et, pour se défendre éven-

---

(1) C'est-à-dire qui ne pouvait pas disposer de ses biens, après sa mort notamment. — On désignait sous le nom de *vilain* (paysan) l'habitant des champs ; cette appellation devint synonyme de commun, inférieur, vil...

tuellement contre les animaux, il ne pouvait être porteur que d'un bâton ou d'un couteau. Il restait ainsi pour la cruauté des riches, toujours armés de pied en cap, une proie peu redoutable.

Et la femme?... Tandis que les dames nobles étaient fêtées dans les tournois, et les *cours d'amour*, que les *troubadours* chantaient leurs grâces, et que les chevaliers portaient au loin la gloire des « dames de leurs pensées », les femmes des pauvres paysans étaient soumises aux caprices et aux lubies de leurs maîtres. Le noble seigneur avait le droit de prendre place à ses côtés la première nuit de ses noces, et d'apposer ainsi la marque de la servitude sur une union qui déjà ne devait apporter à la malheureuse que le labeur exténuant, les soucis de l'enfantement et la rudesse de celui à qui elle se livrait.

Et cet état de choses, dans lequel la *possession du sol* assurait à la noblesse la puissance, la considération et toutes les jouissances de la vie, tandis que le *travail* laissait sans droits le paysan et ne lui procurait qu'une existence faite de soucis et de souffrances, dura des siècles.

Les croisades du xiie siècle vinrent modifier la condition des serfs ; mais ce changement ne fut point le résultat d'une notion plus parfaite du droit et de la justice, de principes moraux supérieurs, ou d'un sentiment plus développé de pitié ou d'humanité.

Lorsque les prêtres et les moines, fiers de leur ascendant, parcoururent le pays pour prêcher la guerre contre les infidèles et appeler tout le monde aux armes pour l'extermination des fils de Mahomet qui s'étaient emparés du tombeau du Christ, leur voix trouva de l'écho surtout parmi les pauvres (1). Les serfs toujours opprimés, dont la vie ne comptait pour rien, n'avaient rien à perdre en s'enrôlant dans une expédition qui devait leur valoir ou la liberté qu'on leur promettait, ou la béatitude céleste.

Semblables aux hordes d'Attila, ils espéraient et cherchaient une patrie meilleure ou la richesse dans cet Orient splendide tant vanté par la légende. Certes, le fanatisme religieux était un puissant mobile en ce siècle de crédulité par excellence ; mais il n'eût pu suffire à les faire renoncer à un foyer heureux pour aller courir les risques d'une aventure lointaine.

Quiconque prenait les armes, devenait par ce seul fait homme libre. Les opprimés de la veille acquirent ainsi la conscience de leur force, ce qui, en cette époque de violence, avait son prix. Quant aux petits princes et aux nobles, qui étaient habitués à vivre exclusivement du travail de leurs serfs, et qui n'étaient plus en état de poursuivre leurs rapines, soit sous la forme de travail ou de taxes, soit par l'épée, ils s'appauvrirent.

La vente de leurs biens, le trafic des chartes d'affranchissement octroyées aux communes, les rançons des serfs ne purent conjurer leur ruine ; et, avec la perte de la propriété, s'évanouit aussi leur puissance.

Pendant qu'autour du tombeau du Christ coulait le

(1) Huit chevaliers seulement prirent part à la première croisade, et 300.000 pauvres durent périr avant que ne se réveillât l'ardeur belliqueuse de la noblesse.

sang du rude et libertin chevalier chrétien et du chef arabe finement civilisé, une répartition autre du travail avait fait éclore une *classe* sociale nouvelle.

Si autrefois l'agriculture constituait le seul moyen d'existence, et la propriété, le seul levier de l'autorité, cependant une classe d'*artisans* s'était peu à peu séparée de la classe des paysans. Ces artisans avaient acquis bientôt dans les villes une grande influence, d'autant plus que les *bonnes gens* — c'étaient les hommes libres des corporations, ainsi nommés parce qu'ils possédaient tout ce qu'il fallait pour vivre — s'unirent à eux. Auparavant le commerce avait pris, grâce aux expéditions lointaines, un grand développement, et les pauvres colporteurs d'autrefois étaient devenus de riches marchands. Une nouvelle espèce de propriété surgit, surtout lorsque se répandit l'usage des métaux précieux comme moyen d'échange.

Dès lors, on ne produisit plus exclusivement pour son usage personnel, et les richesses ne consistèrent plus uniquement en terres nombreuses, en châteaux, en ornements, en moyens de subsistance et en bétail. Les produits du travail furent destinés à être échangés contre l'argent, que l'on pouvait accumuler. Le but du travail devint la production de marchandises, c'est-à-dire d'objets d'échange. A côté et en opposition avec la noblesse, maîtresse du sol, se développa la bourgeoisie, maîtresse de l'or, et lorsque la noblesse, de plus en plus appauvrie par les dettes et les hypothèques, perdit en grande partie sa puissance, surgit, en opposition de la liberté de la vieille noblesse germaine, la conception de la liberté bourgeoise. La production marchande enleva l'autorité au chevalier bardé de fer pour la donner aux artisans et aux marchands d'alors. Tout cela ne se produisit qu'après des luttes longues et sanglantes. Les nouvelles formes de la propriété firent naître de nouveaux rapports sociaux et « les vaincus de la grande bataille humaine, après avoir obéi au *plus fort*, ensuite au *plus noble*, obéirent désormais au *plus riche* » (Edmond About). La tyrannie bourgeoise, que nous subissons encore toujours, venait de naître.

***

Ce que nous venons de constater, en résumé et d'une façon incomplète pour l'histoire de l'Europe, pourrait être appliqué à chaque peuple, en citant des faits et des noms. Toujours l'évolution des modes de production, c'est-à-dire, l'histoire de la propriété, nous fournira la base du développement de la civilisation et de la liberté.

Chez les puissants montagnards du vieil Eran, en Asie, nous retrouvons la « gens », la liberté et l'indépendance des anciens Germains. Les prêtres eux-mêmes n'étaient pas parvenus à former une caste privilégiée. Toute la tribu se prononçait dans les assemblées sur toutes les questions importantes comme dans les « Marks » allemandes, chaque contrée s'appuyait sur ses seules forces. Cela dura jusqu'à ce que la conquête de Babylone apporta la richesse, jusqu'à ce qu'on y apprit le commerce et l'industrie et que l'inégalité des conditions amena les édits des rois et la tyrannie de l'Etat.

En *Egypte*, la liberté disparut lorsque les jaunes Lotu ou Rotu (tribus Hamitiques) réduisirent la race noire indigène en esclavage. Les rois, les prêtres et les guerriers s'emparèrent de toute la terre, se firent octroyer tous les privilèges, se libérèrent de tous les impôts, tandis que les laboureurs, les bergers, les pêcheurs, les Fellahs d'aujourd'hui, menaient une vie d'esclaves méprisés et sans droits (1).

En *Palestine*, les diverses tribus jouissaient d'un haut degré de liberté et d'autonomie. Le régime théocratique lui-même ne dégénéra pas en tyrannie aussi longtemps que les peuplades n'eurent pas appris des Phéniciens le commerce et l'industrie. A la tête des communes patriarcales, il y avait les Anciens, les «Juges» qui dirigeaient seulement les armées er temps de guerre. Mais aussitôt que la propriété individuelle se fut généralisée, ni les lois sociales de Moïse, ni la voix puissante des prophètes démagogiques, qui voulaient maintenir l'ancienne liberté et la simplicité des mœurs, ne furent en état de défendre la monarchie.

Le long des côtes de l'étroite bande de terre habitée par les *Phéniciens*, une pauvre population de pêcheurs vivait dans l'égalité patriarcale. Elle ne parvenait qu'à grande peine à pourvoir à ses besoins. Elle resta libre jusqu'à ce que le commerce et l'industrie firent naître des inégalités de richesses, de rangs et de classes et jusqu'à ce que

---

(1) Peu de temps avant leur chute, 2 pour cent de la population à Babylone et 1 pour cent de la population persane possédaient toutes les terres ; en Egypte, 2 pour cent des habitants possédaient les 97 pour cent de toutes les richesses !

les rois et les suffètes représentèrent la ploutocratie régnant sur les travailleurs pauvres et sur les esclaves. A *Carthage*, nous trouvons la tyrannie de l'État aristocratique du commerce et des colonies, les guerres commerciales et les armées permanentes, les richesses pour quelques-uns et la sujétion pour le plus grand nombre, et tout cela poussé à son extrême limite.

Ceux qui, dans cette lutte pour l'existence, l'emportèrent, piétinèrent la liberté des vaincus. La concentration de la propriété conduisit à la concentration de l'autorité. Nous pouvons encore constater ce phénomène lors de la transformation des tribus arabes en monarchie théocratique absolue et aussi au moment où des aventuriers prirent possession du sol du *Japon*. Partout l'épée donna la propriété, par conséquent la liberté, aux Vainqueurs. Déjà Aristote disait que la noblesse était une conséquence de la richesse (1). Le régime féodal, ce gigantesque partage du butin, se développe dans les mêmes circonstances, aussi bien chez les Sémites que chez les Sassanides, chez les Celtes que chez les Japonais, dans l'Asie-Mineure (Timarl) qu'en Afrique (État de Bambarra), en Allemagne qu'en Angleterre, etc.

Ce régime disparaît chez les peuples qui passent à la production capitaliste, et notamment, dans ces derniers temps, au Japon.

En *Chine*, au contraire, où la propriété familiale subsista pendant des siècles, où, plus tard, le sol devint propriété communale et où il était donné à ferme en

(1) En Pologne, la perte de la propriété amena la suppression de tous les privilèges de naissance des nobles.

parts égales, l'organisme de l'État reposa tout entier sur les familles propriétaires. L'immense empire chinois n'était autre chose qu'une grande famille. Le travail y était honoré. C'était non la richesse, mais la capacité qui procurait les hauts emplois. Le devoir mutuel y était réciproque et la noblesse de naissance n'y pouvait naître.

Plus tard l'État se chargea de l'éducation physique, intellectuelle, morale et religieuse de tous les citoyens. De cette manière le droit familial et la morale familiale se transformèrent en droit communal et, plus tard, en droit social et en morale sociale. Déjà au xi⁰ siècle, sous le règne de Key-Schen-Tseng, on fit l'essai d'une organisation communiste. La tentative échoua naturellement. Cependant, actuellement encore, il existe beaucoup de socialistes en Chine, et l'égalité des droits et des devoirs, reste de l'antique liberté d'autrefois, est encore ardemment défendue par les conservateurs du Céleste Empire.

Aussi longtemps que le chef de l'État possédait tout le sol, le gouvernement était despotique ; dès que le sol fut partagé entre quelques princes, ce gouvernement devint oligarchique ; depuis que chacun a sa part de propriété, il est démocratique.

L'État chinois est une fédération de familles. L'esprit égalitaire des habitants, qui forme la force d'un peuple, est précisément ce qui nous fait craindre une nouvelle invasion des Mongols. Si des cataclysmes venaient réduire les moyens de subsistance, ou si l'accroissement de la population se produisait, la lutte pour l'existence obligerait les armées chinoises à se répandre en Europe. Nous avons toujours à craindre une invasion des Mongols semblable à celle des Huns au iv° et au v° siècle, des Magyares au ix° et au x° siècle, des Mongols (Tartares) de Djchenghiskan au xiii° et des Turcs au xiv° et au xv°. Et dans cette lutte gigantesque nous serons écrasés malgré toute notre civilisation et notre science, à moins que le socialisme triomphant avant cette époque, ne parvienne à former une armée d'hommes libres et égaux pour remplacer les groupes d'aujourd'hui, groupes ennemis, composés d'un côté de pauvres sans droits et, d'un autre côté, d'orgueilleux ploutocrates. Une nouvelle invasion de « Barbares » viendra noyer les empires pourris, si bientôt le règne néfaste de la bourgeoisie ne prend fin.

Nous avons vu comment cette bourgeoisie est née. Nous fermons la parenthèse, qui était nécessaire, pour revenir à notre sujet.

La toute-puissance de la propriété de la terre avait fait place à la force grandissante de la richesse acquise par le commerce et l'industrie.

Cette puissance nouvelle naquit d'abord dans les villes industrielles de l'Italie. La richesse mobilière acquit bientôt aussi un rapide développement dans la Flandre et dans les villes hanséatiques, et, plus tard, dans la Hollande.

Avec la propriété le pouvoir s'échappe des mains de la noblesse, devenue inutile, pour devenir la conquête

des citadins industriels qui, après avoir divisé le travail
en travail agricole, commercial et industriel, s'étaient
mis à produire fiévreusement des marchandises. La
production des objets d'usage se transforma complètement en production d'objets d'échange. Ce ne sont plus
les besoins individuels, mais la demande du marché
qui détermine le caractère de la production.

Ils s'associèrent d'abord en groupes professionnels ou
gildes, grâce auxquels, par le travail en commun, se
forma un lien plus étroit que celui créé par l'habitation commune ; de ces associations de travail en gildes
dérivait l'union communale, qui était mieux en mesure
de protéger leur liberté.

Maintenant, c'était l'industrie seule qui octroyait des
droits politiques. Les nobles eux-mêmes ne pouvaient
plus guère participer au pouvoir communal que lorsqu'ils faisaient partie d'une gilde ou lorsqu'ils exerçaient un métier. Association du travail, solidarité des
intérêts, tels étaient leurs principes et leur puissance.
Sous toutes sortes de dénominations, communes, corporations de métiers, confréries, corporations agricoles, sociétés d'enseignement, il se forma des groupes
parmi les gens de métiers, groupes dont la force pro-
venait surtout d'un esprit de corps très développé.
Leurs lois s'appelaient « hille », lois de l'amitié. Ils
s'aidaient comme des frères. L'ennemi de l'un d'entre
eux devenait l'ennemi de tous. Aucun membre de la
gilde ne pouvait lui donner ni nourriture, ni boisson,
ni logement. Sinon, on détruisait la maison du coupa-
ble pour crime de lèse-commune. Cette discipline et

cette étroite union leur donnèrent de la force contre leurs nombreux ennemis. C'est ainsi que bientôt la puissance du Tiers-État grandit, atteint son apogée dans les républiques italiennes et plus tard dans les communes flamandes. Cette lutte dura sept siècles, à partir des XIᵉ et XIIᵉ siècles. Sept siècles furent nécessaires pour remplacer le monde féodal par un régime nouveau.

Au Moyen âge, avec la hiérarchie des rangs et des conditions, toutes les tentatives de réforme, aussi bien sur le terrain religieux que sur le terrain politique et social, étaient intimement liées. Comme le roi, la noblesse, le clergé et la bourgeoisie luttaient pour la conservation de leurs propriétés ou pour la conquête de richesses nouvelles, nous voyons se former des alliances monstrueuses dont les groupes, après avoir vaincu l'ennemi commun, se détruisaient réciproquement. Une fois, c'étaient le roi et la noblesse qui se liguaien contre le Tiers-État ; une autre fois, le roi faisait appel au peuple contre la noblesse, ou bien c'était la noblesse qui s'alliait au peuple contre le roi. Seule l'Eglise romaine se met toujours du côté des adversaires de la nouvelle classe grandissante, la bourgeoisie.

Après une lutte de plusieurs siècles pour la suprématie de l'Etat ou de l'Eglise, le procès n'était pas encore terminé. Mais lorsque la propriété du clergé fut menacée, les princes de l'Eglise s'unirent aux princes de la terre. Ceux-ci comprirent bientôt que, comme leurs armées, la religion était un puissant moyen d'oppression. Les princes de l'Eglise donnèrent au

pouvoir des rois — les chefs guerriers d'autrefois —
une origine divine. Dans cette lutte pour les richesses.
il n'y eut rien de particulièrement divin : trahison et
calomnie, parjure et assassinat, vengeances sanglantes,
telles furent les principales armes des rois et aussi celles
de l'Eglise.

Les communes, « mot nouveau et détestable », — disait l'abbé Guibert de Nogeant — voulaient « combattre la religion », car elles étaient fatiguées de la domination des évêques et des couvents ; elles voulaient « détruire la famille » en autorisant les hommes à épouser
les femmes qu'ils auraient eux-mêmes choisies ; elles
voulaient la destruction de la propriété, car elles récla-
maient la restitution d'une partie des richesses volées par
l'Eglise. On ne saurait imaginer une haine plus grande
que celle qui éclata entre les papes et les évêques d'une
part et la bourgeoisie de l'autre. Dans le domaine religieux, les révoltes furent étouffées dans le sang. Depuis Innocent III jusqu'à Boniface VII, les papes lancè-
rent des anathèmes contre « les communes brutales et
empestées, dont tous les membres marchent à grands
pas vers l'Enfer » (Cardinal Jacques de Viter). Chaque
réforme religieuse semblait être intimement liée à une
réforme sociale et fut pour cela d'autant plus vivement
combattue par les deux pouvoirs intéressés.

La noblesse, qui représentait une époque disparue,
ne perdit pas seulement ses richesses, mais aussi sa
puissance guerrière. L'artillerie que les riches villes
pouvaient bien se payer, mais qui était trop coûteuse
pour les nobles, condamna ceux-ci à l'impuissance, car

déjà alors la guerre était en grande partie, comme aujourd'hui, une question d'argent. Le Tiers-État grandissait en richesse et en puissance, bien qu'il fallut attendre la révolution française pour couronner l'œuvre et rendre la bourgeoisie complètement libre.

Mais déjà la bourgeoisie portait en elle des germes de mort.

La conception de la liberté — comme au temps de la gens, de l'antique esclavage et du régime féodal — fut restreinte à la liberté des classes possédantes. Celles-ci luttaient non pour les droits de tous, mais pour leurs propres privilèges. Chaque ville luttait pour *ses* richesses, chaque corporation pour les siennes, et la haine réciproque des groupes était grande. Les bourgeois ne voyaient, ni ne sentaient les souffrances et l'oppression subies par les vilains et les serfs de la terre. Ils ne songeaient qu'à augmenter leurs propres privilèges et ils y réussirent admirablement. L'industrie devint florissante, le travail manufacturier prit une extension rapide, l'architecture, un essor inconnu, la navigation et le commerce se répandirent et se développèrent de plus en plus. L'accroissement constant des richesses fit naître l'inégalité au sein même des corporations, et dans les « confréries » surgirent les classes ennemies des maîtres, les compagnons et les apprentis.

Tous avaient combattu pour la liberté des personnes, la liberté du travail et pour la propriété ; ils avaient vaillamment lutté, au nom de l'égalité et de la justice, contre la noblesse et le clergé ; au nom de la solidarité contre l'usurpation et l'oppression. Mais à peine avaient-ils conquis le pouvoir qu'ils avaient oublié tous les beaux principes d'autrefois ; la liberté de chacun devint la liberté pour les seuls riches.

L'opposition entre riche et pauvre devint de plus en plus grande. Lorsque, après la victoire, le pauvre voulut réclamer sa part, les riches commerçants, les puissants bourgeois n'hésitèrent pas — en Italie entre autres — à solliciter le secours de son ennemie héréditaire, la noblesse. Déjà, au xv⁰ siècle, la rupture éclata et la lutte commença. Bien souvent celle-ci donna lieu à des révoltes sanglantes qui n'ont pas encore cessé. A peine le pouvoir de la noblesse avait-il été diminué et la bourgeoisie était-elle devenue la classe dirigeante, qu'on lisait dans les vieilles chroniques : *« Dans ce temps-là, il y eut une bataille entre le peuple gras et le peuple maigre »*. A peine la bourgeoisie, avec le concours des petits, avait-elle vaincu la noblesse terrienne, qu'elle tourna ses armes contre le peuple « avec un éclat, un acharnement, une puissance de haine que rien ne lasse » (Ed. Quinet). Autant dans la Flandre que dans le Languedoc, à Florence qu'à Rouen, à Londres qu'à Reims, la guerre des classes éclata. « La ribaudaille » des Flandres qui, pour prix de ses victoires, réclamait l'extension de ses droits politiques et la participation au pouvoir communal, fut trahie, dans sa lutte contre la France, par les riches bourgeois d'Ypres. Elle succomba par la lâcheté de la haute bourgeoisie. C'en était fini de la liberté des Flamands pour des siècles.

La conquête de plus de liberté ne fut donc pas la cause essentielle des révolutions sanglantes accomplies par la bourgeoisie, car lorsqu'il s'agissait de ses propriétés et de ses privilèges, elle sacrifiait volontairement toutes les libertés conquises et s'appuyait sur ses plus mortels ennemis. Cependant, c'en était fait du pouvoir de la noblesse et aussi de celui de l'Eglise, qui, ennoblie par l'abondance des richesses, vit décroître son influence et reçut de la *Réforme* un coup terrible. Jusqu'à quel point celle-ci fut une révolution économique, c'est là une question qui mériterait d'être examinée de près. En France, la *Réforme* eut incontestablement le caractère d'une lutte pour la conquête de l'Etat; la plupart des calvinistes étaient des artisans et des bourgeois, des industriels et des marchands, et ceux-ci représentaient la démocratie. En Allemagne, les concussions du Saint-Siège, qui exigeait toujours plus d'impôts d'une part, le désir des monarques pour la possession des biens de l'Eglise d'autre part, eurent plus d'influence que l'amour de « la liberté de conscience », qui fut bientôt autant violée par les disciples de Luther et de Calvin que par « la Grande Bête romaine ». En Angleterre, le pillage des couvents et des églises fut l'origine de très grandes fortunes pour le clergé anglican et, en Hollande, la question des impôts eut une influence décisive sur l'attitude des marchands et des bourgeois (1).

Comme toutes les révolutions, la *Réforme* fut donc une lutte économique.

(1) La bourgeoisie s'éleva surtout contre le gros impôt sur la fortune, le centième denier, contre le vingtième denier sur la vente des biens mobiliers et le dixième denier sur la vente des immeubles.

Déjà alors, on peut apercevoir, parmi les populations pauvres, la lutte des classes qui, bien que souvent étouffée, se développe constamment et éclate sous forme de révoltes et de révolutions. Elle ne disparaîtra que le jour où les classes dépossédées auront conquis une meilleure place au banquet de la vie. Après la monarchie et la noblesse, après le clergé et la bourgeoisie, le quatrième Etat, celui des travailleurs, montera sur la scène du monde.

Les Jacqueries du XIVᵉ siècle avaient déjà montré la haine que les pauvres paysans nourrissaient contre leurs oppresseurs. Comme le prêtre et le noble les pillaient également et que le représentant de Dieu défendait le voleur, la haine contre la noblesse et l'Eglise était aussi également grande. Mais leur colère ne pouvait s'apaiser qu'en de vaines vengeances, qui devaient rester sans conséquence aussi longtemps que leurs révoltes ne s'appuyaient pas sur les conditions économiques. L'incendie des châteaux, l'assassinat de leurs maîtres, n'avaient pas plus de résultats pratiques que les danses auxquelles ils se livraient, revêtus des habits des nobles, que leurs festins dans les salles des châteaux-forts. Aussi longtemps que les circonstances pour un nouveau mode de production n'étaient pas nées, aussi longtemps que l'avènement d'une nouvelle classe de possesseurs n'était pas rendue possible, on avait beau martyriser les personnes, on ne pouvait démolir le système. Ce fut là la cause de l'échec de la sanglante guerre des paysans dans laquelle Luther se distingua par sa cruauté. Cette guerre qui n'exprimait pas les nécessités économiques du moment, devait échouer, même si elle avait été bien conduite et bien organisée, même si les paysans n'avaient pas versé dans cette naïveté de compter sur une réconciliation avec la noblesse. La liberté de la chasse et de la pêche, la suppression de la servitude et des dîmes, de tout cela rien n'eut été réalisé.

Le régime féodal, régime agricole, ne pouvait crouler que par le développement de l'industrie, que représentait la bourgeoisie. Plus tard la *Réforme* favorisa l'avènement de celle-ci, mais la division en classes fut avant tout le résultat du développement du travail de fabrique du xviie siècle à côté du travail manuel d'autrefois.

A la place de l'atelier du maître avec ses deux compagnons et ses deux apprentis, qui possédaient leurs outils, on vit surgir la fabrique.

On produisit en grand, dans de spacieux bâtiments, remplis de nombreux travailleurs, avec des outils fort coûteux. Le compagnon fut encore pendant quelque temps membre de la famille du patron et prenant ses repas à la table de celui-ci, mais bientôt le maître ne connut plus ses travailleurs. L'homme d'autrefois devint un ouvrier. Les rois favorisèrent et protégèrent le commerce et l'industrie, et Colbert introduisit par la violence le travail des femmes et des enfants. Par des règlements, des primes, des routes nouvelles, des canaux, la monarchie mit son autorité en œuvre et contribua à l'accroissement constant des richesses de la bourgeoisie, tandis que, d'autre part, les nobles disparaissaient même des armées permanentes, composées de mercenaires. La fondation de nouvelles colonies, la découverte des Indes et de l'Amérique, et surtout l'usage plus général des métaux précieux comme monnaie, développèrent très rapidement le commerce du monde et répandirent partout, en quantités de plus en plus grandes, les richesses produites,

Cependant, bien que la richesse mobilière entrât en majeure partie dans les mains du Tiers-Etat, l'heure de son pouvoir illimité n'avait pas sonné. La propriété terrienne resta pendant longtemps encore au pouvoir de la Noblesse et de l'Eglise (1). On continua à se battre pour le butin.

Sans s'inquiéter de la vie et de la sécurité des populations dépossédées, le roi, la noblesse, le clergé et la bourgeoisie luttèrent pour la possession des biens de la terre. Tantôt l'un, tantôt l'autre mettait le monde à feu et à sang dans des guerres commerciales pour les droits d'entrée, dans des guerres d'héritages, dans des guerres coloniales. On se battait terriblement, car la victoire donnait la richesse et la puissance. Malgré des différences plutôt apparentes dans l'organisation économique des divers pays, il était facile de constater que là où est la richesse, là se trouve la puissance.

(1) Depuis sa naissance dans les villes d'Italie, de la Flandre, de la Hollande et de la Hanse jusqu'à la Révolution française, la propriété mobilière ne croît que lentement ; mais, après la Révolution, elle prit une grande extension et s'éleva en France, par exemple, de 150 millions (1789) jusqu'à 46.000 millions de florins (1896), de telle sorte que la propriété mobilière dépasse de deux tiers la valeur de la propriété immobilière. En Angleterre, la propriété mobilière s'élevait au commencement du XVIIe siècle à 300 millions et à la fin de ce siècle à 1.036 millions, soit un septième de la richesse nationale (von Hellwald, *Culturgeschichte*, II. 490).

L'union de la noblesse anglaise, propriétaire de la terre, avec les riches commerçants fit rouler une tête de roi sur l'échafaud et donna à l'Angleterre un semblant de monarchie constitutionnelle. Le véritable pouvoir était aux mains des possesseurs de la richesse.

En France, les rois soutinrent d'abord les communes pour enlever à la noblesse son prestige et son pouvoir. Mais, après la victoire, ils n'hésitèrent pas à opprimer les alliés de la veille, qui rempliraient d'or la caisse royale, et à fortifier la monarchie absolue. L'opulence et les nombreuses guerres, qui engloutissaient des sommes folles et qui obligeaient les monarques à contracter des emprunts de toute espèce, eurent pour conséquence d'accroître à nouveau l'influence du Tiers Etat pendant que la monarchie marchait vers la banqueroute.

De son côté, l'Eglise, qui jouissait déjà de nombreux privilèges et était affranchie de tous les impôts, acquérait constamment de nouvelles propriétés. Comme les rois disposaient le plus souvent des biens ecclésiastiques, ils en donnaient l'usufruit en grande partie à des évêques sans évêché ou à des abbés.

Le bas clergé, qui remplissait fidèlement sa tâche, était et resta pauvre, et, plus tard, il assista indifférent, très calme, à l'expropriation violente des biens ecclésiastiques, dont il n'avait pas sa part (1).

(1) La fortune du clergé français était estimée de 2 à 4 milliards de francs, à 11 milliards selon quelques-uns. Son revenu annuel se chiffrait par 225 millions. De cette somme, 131 évêques touchaient ensemble plus de 7 millions, probablement 13 millions. L'archevêque de Paris seul avait 200.000 francs par an, 33 abbés recevaient de 25 à 100.000 et 27 abbesses de 20 à 100.000 francs de

Les princes de l'Eglise soutenaient le trône de toutes leurs forces. Ils s'ingéniaient, en établissant une confusion entre la religion et l'Etat, à mettre une auréole divine au pouvoir royal, de telle sorte que la monarchie absolue atteignit bientôt son point culminant et qu'en France un monarque tout puissant, Louis XIV, régna sur un peuple de valets, et put prendre cette fière devise : « L'Etat, c'est moi ! », car il était le propriétaire le plus puissant du pays, propriétaire de la terre et des hommes. Tout le sol fut déclaré domaine royal et appartint au roi. Celui qui avait une terre en usufruit devait considérer cela comme une faveur que le souverain pouvait lui retirer du jour au lendemain. Le peuple ne jouissait d'aucun droit, d'aucune liberté, mais il supportait toutes les charges, et seul il était frappé par les impôts nécessités par les gaspillages de la Cour et le luxe des prélats. Les « tailles et les maltôtes », les droits domaniaux et les confiscations devaient pourvoir au vide des caisses (1) car les « dons gratuits » des classes dirigeantes ne rapportaient pas grand'chose. C'est contraint et forcé, que les Etats généraux furent convoqués pour trouver de nouvelles res-

revenu annuel. L'abbé de Clairvaux entre autres touchait 400.000 francs. Les 60.000 curés et chapelains recevaient le maigre traitement de 500 francs (Eug. Jaeger, *die französische Revolution*).

(1) Les taillables payèrent comme droit de capitation environ de 1/6 à 1/11 de leur revenu : la noblesse 1/100. Pour l'impôt du 1/20 les princes payèrent 4700 francs alors qu'ils étaient redevables de 60.000.000 ! Pour le rachat des servitudes, les pauvres payèrent 1/4 de la taille, etc., etc. (Eug. Jaeger, *die französische Revolution*).

sources (1). Pendant qu'à la Cour régnait le luxe le plus extravagant (2), le peuple mangeait de l'herbe et mourait de faim (3).

Le caprice d'une courtisane condamnait à la mort des milliers de personnes, ruinait toute une contrée, causait des maladies et des misères. La mauvaise humeur d'un homme de cour pouvait être cause de l'emprisonnement de centaines d'hommes. Le peuple français était agenouillé aux pieds d'un satrape oriental.

Ce que l'Eglise romaine soutenait en France, l'Eglise réformée l'avantageait en Allemagne, où les souverains défendaient avec énergie le vol des biens ecclésiastiques. Ils appelèrent même dans ce but un monarque suédois à leur secours. Le pouvoir de l'Eglise avait passé en grande partie entre les mains des monarques. Les théologiens protestants prêchaient l'obéissance servile et une foi autoritaire favorisa l'avènement de nombreux potentats qui singeaient plus ou moins ridiculement l'absolutisme de Louis XIV.

C'est ainsi que le peuple, là aussi, fut trompé après la révolution.

(1) En 10 ans, on emprunta 1.630 millions ; l'intérêt de la dette monta de 45 millions (1775) à 207 millions (1789) (Eug. Jaeger).

(2) Le château de Versailles coûta 150 millions ; Madame de Pompadour 36 millions. Les dépenses annuelles pour les frais de maison de Louis XVI s'élevaient à 68 millions, soit 1/4 de toutes les dépenses de l'Etat. La cuisine occupait 400 personnes et le cuisinier en chef touchait 84.000 francs. Les employés du roi recevaient 18 millions par an, ceux de la reine 4 millions et ceux des princes 10 millions.

(3) Taine a calculé que sur 100 francs de revenu le vilain payait : 53 fr. au roi, 14 francs au seigneur, 14 francs pour la dîme. Des 18 à 19 francs qui restaient, il devait payer la gabelle et d'autres impôts encore.

Pour le peuple, « liberté évangélique » signifiait : plus d'oppression, l'abolition des servitudes, des corvées, de la dîme (1).

« Les nobles et les riches ne devaient plus désormais dépenser les biens des pauvres ». Dans les Pays-Bas et le long du Rhin, en Autriche, dans la Souabe, en Hongrie, à Mulhouse et à Munster, partout les pauvres espéraient la libération des « Pfaffen und Herren » (des papes et des seigneurs). En fidèles disciples de l'Évangile, ils aspiraient à la communauté des biens, à la création d'un « millénaire » de liberté et d'égalité pour tous. « L'épée de Gédéon » fut impuissante à les libérer et, en des combats sanglants, ces communistes du XVIᵉ siècle, ces démocrates, champions de la Réforme, furent écrasés. L'aristocratie des villes, la noblesse, le clergé romain et le clergé protestant triomphèrent de ces artisans et de ces paysans poussés au désespoir. Leur temps n'était pas encore venu.

Des mouvements communistes, qui étaient aussi à cette époque des mouvements religieux, échouèrent également en France, en Italie et en Angleterre.

Seulement il y eut quelque chose de plus puissant que « l'épée de Dieu » de ces nobles utopistes, ce fut la puissance du commerce et celle de l'industrie. Celles-ci vont continuer une partie de leur tâche : bon gré mal gré, elles feront disparaître le servage et enlèveront aux rois de droit divin tout lustre et toute puissance. Et ici,

____

(1) Luther soutenait que la dîme était plus sacrée que les redevances aux seigneurs et que les droits sur la chasse.

ce phénomène étrange, et fréquent pourtant, qui consiste à voir les classes régnantes contribuer le plus à leur propre chute, se produira.

En Angleterre les lois de la reine Elisabeth avaient déjà protégé les patrons contre les entreprises et les œuvres des compagnons et des artisans. Favoriser l'industrie, c'était déplacer le centre du pouvoir. Et cependant, c'est vers ce but que l'on marchait, notamment en France, où les privilèges patronaux acquirent leur point culminant sous Louis XVI, qui devait bientôt monter à l'échafaud. Pour ce qui concerne l'agriculture, on comprit partout — en Allemagne en dernier lieu — que la production de la terre ne pouvait se développer que par l'application de nouveaux systèmes de culture, et lorsque les paysans libres auraient pris la place des serfs.

C'est ainsi que la bourgeoisie conquit de plus en plus de privilèges, non pas parce que le bon droit fut de son côté, non par sentiment de morale, ou parce qu'il s'agissait d'un besoin de l'humanité, mais à cause du développement constant du système de production.

Celui-ci marchait à pas de géant.

La fabrique, où seule une nouvelle division du travail était possible, se généralisa. L'invention de toutes sortes de nouvelles machines fit augmenter considérablement la production, et celle-ci s'accrut encore par l'application de la vapeur aux moyens de transport. Tout ce qui pouvait empêcher le développement du commerce et de l'industrie fut écarté du chemin. Bientôt il n'y aura plus de règlements qui détermineront l'espèce et la garantie du travail, il n'y aura plus les statuts des gildes, celles-ci n'arrêteront plus la production sans frein. Chacun produira et travaillera autant et comme il voudra, aucun ordre, aucune loi ne viendra plus harceler l'individu dans le libre choix de son domicile, de sa profession, de ses heures de travail.

L'individualisme fait son entrée dans l'histoire de l'économie. « Liberté des biens, liberté de possession, liberté individuelle », voilà la devise sous laquelle se fera la concurrence de tous contre tous, concurrence qui doit augmenter les moyens de jouissance. Le développement de la production devient stupéfiant. En quelques heures, on produit autant qu'autrefois dans le même nombre de semaines. Les recherches s'accumulèrent et enfin l'heure vint où le Tiers-État, la bourgeoisie, après des siècles de lutte, allait devenir la classe toute puissante.

Nous appelons *Révolution française* un des combats décisifs de la fin de cette lutte gigantesque. Ce qui existait déjà en fait, fut généralement reconnu après la révolution. Au surplus, le Tiers-Etat, qui représentait le développement économique, écrasa la plupart de ses ennemis.

La monarchie reçut une blessure mortelle et se mit à languir rapidement ici, plus lentement ailleurs. La noblesse jeta un regard désespéré sur ses anciennes prérogatives et se réfugia dans l'industrie ou dans le mariage avec les filles des « vilains et des roturiers » d'autrefois. L'Église romaine fut d'abord étourdie du coup qui la dépouillait de ses richesses, mais bientôt, avec la souplesse qui la caractérise, elle s'accommoda des faits accomplis, et, avec la bourgeoisie, n'aspira plus qu'à la richesse.

C'est ainsi que, devant la vapeur et l'industrie, disparurent les puissances qui avaient gouverné le monde pendant des siècles et qui firent place à un nouveau tyran, *le capital*.

La richesse est donc actuellement entre les mains de la bourgeoisie et les puissances détrônées n'ont de signification que pour autant qu'elles possèdent une partie de cette richesse. Le capital, l'argent, décide souverainement de la paix et de la guerre, de la vie et de la décadence des peuples et des individus. L'épée du chevalier, le sceptre du monarque, les bulles d'excommunication des papes n'inspirent plus aucune crainte. C'est devant la Bourse que tous s'inclinent. Un pays perd son crédit et les révolutions et les guerres le mettent à la merci des bailleurs de fonds, des manieurs d'argent. Quelques rois de la finance se coalisent, et le pain et la viande disparaissent de la table des pauvres. Dans la course folle à l'or, il y a un moment d'arrêt, et la crise condamne des millions d'êtres humains à la faim et à la misère. L'argent seul donne les droits de citoyen, exonère des charges, accorde souvent l'impunité des crimes et toujours des privilèges dans la répartition des impôts.

Le veau d'or est encore debout !

Oui maintenant encore, mais déjà la décadence de la tyrannie bourgeoise commence, de cette bourgeoisie qui a trahi le peuple. Dans toutes les luttes qu'elle eut à soutenir contre la monarchie, la noblesse et l'Église, le peuple avait généreusement répandu son sang. La bannière sous laquelle on avait triomphé parlait de liberté et de droit pour tous. Dans la lutte la plus vive que la classe bourgeoise dut livrer pour compléter sa victoire, à la révolution française de 1789, ce furent les ouvriers manuels, les ouvriers de fabrique de Paris et d'ailleurs qui renversèrent la Bastille et les Tuileries, ce furent de pauvres paysans affamés qui détruisirent les châteaux de la noblesse.

La misère avait poussé les courageux combattants à la bataille, et lorsque la victoire de la bourgeoisie fut complète, ils espéraient un meilleur sort que celui que leur avait fait la noblesse et l'Église. Mieux inspirés qu'autrefois, les Jacques de 1788 ne pillaient pas seulement les châteaux, mais aussi prenaient possession des champs et des forêts. Leur conception révolutionnaire n'allait pas plus loin. Le pouvoir et les priviléges passèrent dans les mains de la bourgeoisie, qui avait non seulement su conserver ses richesses, mais encore qui les avait agrandies par l'expropriation des biens ecclésiastiques et celle des biens communaux, ces dernières traces des « gentes et des marks ». On resta aveugle devant les besoins des classes ouvrières, on resta sourd aux plaintes émouvantes du « Cahier des pauvres ». On voyait les intérêts de l'industrie, non ceux du travailleur. On se préoccupait de la propriété, non du peuple.

« Nous ne souffrirons pas, disait le misérable Barrère le 1er mars 1793, qu'il soit porté la moindre atteinte aux propriétés, soit territoriales, soit industrielles. »

Tous ceux qui demandaient pour le peuple travailleur une partie des richesses communes, tous les partisans d'un partage égal de la propriété foncière qui venait d'être conquise par la force, enfin tous les défenseurs des lois agraires étaient considérés comme des fous ou des coupables. « *Quiconque proposera ou tentera d'établir des lois agraires ou toutes autres lois et mesures subversives des propriétés territoriales, commerciales ou industrielles sera puni de mort.* »

C'est ainsi que s'exprimait le projet de loi de Levassier, projet qui fut adopté par l'assemblée. Devait donc être puni de mort, quiconque tenterait de réformer la propriété bourgeoise.

Le peuple, qui avait combattu pour le droit et la liberté fut livré, au nom des plus belles devises, à l'arbitraire le plus cruel.

De nombreux héros inconnus avaient, comme autrefois, versé leur sang dans une lutte sans profit pour eux.

L'abolition des anciennes classes dirigeantes ne fut utile qu'à la bourgeoisie. Elle n'apporta au peuple que de nouvelles souffrances, de nouvelles misères et de nouvelles oppressions.

« La misère des pauvres est l'œuvre des riches », disait Necker, et il disait vrai.

Et cela restera vrai. Les jouissances et la liberté constituent le privilège des possesseurs ; la misère et l'oppression le sort des pauvres.

Les Etats-Unis nous fournissent une preuve instructive de cette vérité. Les Puritains persécutés qui abordèrent dans l'Amérique du Nord en 1681, furent tous égaux aussi longtemps que tous disposèrent des richesses illimitées du sol et du sous-sol de la contrée. Grâce à cette égalité dans la possession de la terre, l'esprit aristocratique de la vieille Angleterre disparut comme par enchantement. Tandis que la propriété nobiliaire rendait impossible, dans leur patrie, le règne durable d'une république, l'égalité sociale des refugiés fit surgir un Etat libre qui pourrait encore nous servir d'idéal. Chacun avait trouvé les moyens de subsistance et vivait en pleine liberté et en pleine indépendance.

« One man is as good as another » (1), telle était leur devise. Ils y restèrent fidèles et pouvaient y rester fidèles jusqu'à ce que toute la surface du sol fut occupée. Mais alors surgirent les déshérités et les propriétaires, et ceux-ci purent poser les conditions auxquelles les premiers pouvaient se procurer les moyens de subsistance. Actuellement la majorité des habitants des Etats-Unis se trouve sans propriété et, par conséquent, sans liberté réelle. C'est aussi là que débuta la tyrannie de la bourgeoisie triomphante.

La devise « liberté » de cette bourgeoisie n'avait créé que des déceptions. Liberté ! tel était le cri avec lequel on menait les armées au combat contre l'ennemi de l'extérieur et de l'intérieur. Liberté en tout et pour tous. Il n'y aurait plus de classes pour différencier les hommes ; plus de privilèges dans les impôts ; plus de dîmes pour le clergé. Chacun serait libre dans le choix de son do-

______

(1) Un homme en vaut un autre.

micile, de sa femme, de sa profession, liberté du commerce, liberté religieuse, liberté de pensée, liberté partout.

Les classes étaient abolies depuis la nuit du 4 août. La liberté serait individuelle. La glorification de l'individu avait atteint son apogée. Si, dans toute l'histoire du passé, les classes, les races et les peuples avaient lutté pour des intérêts communs, maintenant l'individu allait mener la lutte pour sa propre liberté, pour son égalité personnelle. On déclara l'individu souverain et son autonomie illimitée. Pas de sujétion de l'intérêt personnel à l'intérêt général. Chacun avait le droit de disposer pour lui-même de ses forces, de ses facultés, de son travail. « L'individu, disait Rousseau, est au-dessus de la Société », et par là il exprimait ce qui se trouvait déjà en germe dans le Christianisme, mais qui jusqu'alors ne s'était pas encore développé.

Le temps de la glorification de l'individu était venu. La liberté allait devenir illimitée.

Pour réaliser cette liberté, la bourgeoisie fit monter à l'échafaud une famille royale et elle sacrifia quelques milliers d'hommes — presque tous du peuple — à la guillotine, ce moyen infaillible de réaliser l'égalité. Pourquoi cela ? « Parce que la barque de la liberté ne saurait naviguer que sur une mer de sang » (Barrère).

Triste conception ! La bourgeoisie en poursuivit la réalisation avec l'impitoyable cruauté et la sauvage énergie dont cette classe avait déjà donné des preuves en ses jours de victoire. « Tous les hommes sont nés libres et égaux », disaient les *Droits de l'homme*, mais on n'était pas encore en état de procurer à chacun les conditions indispensables pour *vivre* librement. Le Tiers-État se cramponnait à ses propriétés volées et les milliers d'hommes qu'il avait arrachés au banquet de la vie, avaient la liberté de mourir de faim ou de supplier la bourgeoisie de leur accorder du travail et du pain.

La classe dépossédée n'avait pas le choix. Si elle voulait vivre, elle était obligée de travailler au profit des possesseurs des moyens de production, travailler où, quand et comme ceux-ci le voulaient, travailler aux conditions et pour le salaire qu'ils fixaient arbitrairement. Une masse toujours plus grande d'affamés réclamait du travail, mais remplacés par les machines et les nouvelles inventions, un nombre de jour en jour plus petit trouvait à s'occuper et les autres succombaient dans cette lutte pour l'existence. On emploie peut-être des formes moins brutales que celles dont on usait autrefois vis-à-vis des esclaves et des serfs, mais les souffrances de l'insécurité ne sont pas moins grandes aujourd'hui. Le travailleur doit plier sous la tyrannie de la classe possédante ou se laisser affamer.

Après une courte tentative faite par les possesseurs du sol sous la Restauration pour augmenter leur influence, une nouvelle révolution bourgeoise avait définitivement assis la puissance des rois de l'argent. Tout allait plier devant les nouveaux dieux.

Celui qui, dans cette lutte générale de chaque individu contre tous les autres, parvenait à entrer en possession d'une partie des moyens de production, celui-là avait toutes les jouissances et tous les avantages. Le travailleur dépossédé devait peiner pour le maître, devait lui sacrifier ses forces, sa santé, sa vie, en échange d'un morceau de pain. La puissance des capitalistes devint si grande qu'ils ne faisaient plus de différence entre leurs machines et leurs ouvriers, qu'ils appelaient couramment des « bras ». — Les Anglais disaient *hands*, mains. — A leurs yeux le travailleur était une marchandise d'échange, un objet sans droits, soumis à la loi de l'offre et de la demande, absolument comme une balle de coton ou un lingot quelconque. Pour le riche, tous les priviléges et toutes les libertés. Pour le pauvre, l'injustice et l'oppression des lois répressives qui, presque toutes, avaient pour but de protéger et de privilégier la classe possédante.

« Les Parlements, disait M. S. Van Houten, sont des institutions où l'on s'accorde mutuellement de l'argent. » Les pauvres sont écartés des Chambres où, sous prétexte de gérer les intérêts de la nation, on ne s'occupe que des intérêts des riches. Chaque groupe bataille pour ses intérêts particuliers : les représentants des villes maritimes défendent la liberté commerciale ; ceux des campagnes réclament des droits d'entrée sur le blé, ceux des régions industrielles demandent qu'on protège leurs usines, ceux des capitales veulent des priviléges de banque et de bourse. Le régime fiscal est une scandaleuse extorsion des deniers des pauvres par les riches qui exigent encore des premiers, du moins dans certains pays, l'infâme impôt du sang. Les fils de la bourgeoisie parlent de justice au peuple, et souvent n'ont pas plus le sentiment de la justice que les nègres de Sierra-Leone qui mettaient les blancs en état d'infériorité.

La fraude et le vol conduisent aux richesses et aux honneurs. La bourgeoisie attelle à son char la science et la religion. Tout ce qui touche à la sacro-sainte propriété, la science le combat et la religion le maudit. « Si les théorèmes d'Euclide avaient eu quelque chose de commun avec la propriété, il est probable, disait le ministre italien Minghetti, qu'ils auraient trouvé des adversaires. »

Il est tellement vrai que la propriété donne le pouvoir, le rang, la considération, que les Juifs, autrefois si méprisés, ont actuellement, grâce à leurs richesses, plus d'influence et disposent de la vie de plus d'hommes que les rois qui les ont opprimés.

Tout se courbe, tout se vautre dans la fange devant le nouveau dieu, le Capital.

Heureusement le tyran marche à sa chute. La scandaleuse exploitation des ouvriers a fait naître une haine de classe qui ne disparaîtra qu'avec la défaite de l'un des belligérants. Les pauvres, privés de tout droit, de toute liberté, de toutes jouissances, cherchent la force dans l'union. Ils sentent que le moment est venu où ils doivent vaincre ou succomber. La révolte est devenue permanente et le nombre des révoltés croît sans cesse à mesure que les travailleurs comprennent mieux le danger de leur situation, et que celle-ci empire.

La lutte individuelle de tous contre tous sévit également dans la bourgeoisie même et chaque année un certain nombre de bourgeois sont rejetés dans le sein du prolétariat dont ils viennent grossir les rangs. La classe ouvrière, autrefois minorité, est devenue la majorité de la population. Comme jadis, au temps des hordes, des *gens*, de l'esclavage, du régime féodal, une nouvelle guerre de destruction va éclater et cette fois encore, le sort de l'humanité sera décidé par le droit du plus fort.

C'est par le vol et la violence, la trahison et la ruse qu'une minorité d'hommes entra en possession des richesses communes. Conduits par le plus étroit égoïsme, par la possession des jouissances matérielles et par la plus basse avidité, ils employèrent les moyens les plus scandaleux et ne reculèrent pas devant la cruauté pour conserver leurs richesses. Jouiront-ils encore long-temps des vols commis au détriment du bien-être de tous ? Est-ce que des millions d'hommes resteront long-temps encore courbés sous leur tyrannie et continue-ront-ils à les supplier de leur accorder les moyens d'existence qu'ils peuvent conquérir par la force ?

Chacun sent que la lutte entre le Capital et le Travail est devenue inévitable. Ici, comme toujours, c'est la force qui décidera. Les « maigres » se lèvent, renouvel-lent leurs attaques contre les « gras », et dans cette lutte sanglante pour l'existence, le cri « malheur aux vain-cus ! » semble encore être la loi fatale. C'est par un combat opiniâtre, sans repos, que les millions de dés-hérités conquerront leur place au soleil. Le droit ne triomphera que par une révolution violente. La justice ne descendra pas sur l'humanité comme la rosée du ciel, c'est par le fer et par le feu que nous devons nous tra-cer une route.

Le socialisme, qui défend les intérêts de la classe ouvrière et qui veut donner à chacun une existence convenable en échange d'un travail fidèle, triomphera-t-il ?
Nos moyens de production, — car tout dépend de là, —
sont-ils suffisamment développés pour procurer le nécessaire à chacun ? Le vœu des nouvelles couches sociales peut-il être accompli et l'abondance de quelques-
uns est-elle suffisante pour adoucir la misère de tous ?

Si ces questions devaient être résolues négativement,
la victoire de la classe ouvrière serait peut-être possible,
mais elle ne serait pas durable ; alors le désir d'égalité,
de jouissance, se résoudrait en peu de temps, non en
bien-être général, mais en misère générale ; la bête reprendrait le dessus chez l'homme et les forts agrandiraient leur part au détriment des faibles. Il se formerait
bientôt une nouvelle classe de jouisseurs, sous un autre
nom. La lutte deviendrait infructueuse pour la grande
majorité, pour la même raison qui fit échouer déjà tant
de révolutions antérieures. S'il n'y avait pas assez de
nourriture, de vêtements et d'habitations pour tout le
monde, les forts ne prendraient pas seulement le nécessaire mais ils exigeraient davantage. S'il n'y avait pas
de place pour tout le monde au banquet, ceux qui en
auraient conquis une, chasseraient violemment les autres. Combien, parmi les parvenus, se rangeraient du
côté des heureux pour se défendre contre leurs compagnons d'infortune d'autrefois ?

Jusqu'au commencement de ce siècle, l'agriculture et
l'industrie n'avaient pas pris un développement suffisant pour assurer à tous une existence convenable ; jus-

qu'à cette époque donc, les revendications des socialistes étaient irréalisables. Mais aujourd'hui que la vapeur,
l'eau et l'électricité sont devenues nos auxiliaires, aujourd'hui que les nouvelles découvertes ont centuplé la
production, que la grande culture produit plus que jamais (1) et que le monde entier n'est plus qu'un vaste
marché, la situation est tout autre. Il n'est plus question
maintenant de production insuffisante, il faut que des crises viennent arrêter l'abondance de la production, malgré les parasites qui augmentent la consommation sans
rien produire. On ne sait que faire de tous ces biens, on
fait la guerre pour trouver des consommateurs, on dis-
sipe pour pouvoir continuer à produire. Le progrès co-
lossal des moyens de production donne à l'humanité
des armes puissantes pour la conquête du bien-être.
Pour la première fois, l'histoire économique est entrée
dans une période où il y a de la place pour tous au banquet et où il peut être fait droit aux socialistes, qui demandent une existence convenable pour tous ceux qui travaillent (2). Et, heureusement, il n'est plus nécessaire
de lutter exclusivement pour les nouvelles couches sociales, car le sort de tous peut être amélioré, la vie de
chacun peut être rendue plus heureuse. Il ne s'agit pas
d'accorder des privilèges nouveaux à quelques groupes

(1) Au sujet des progrès de la productivité dont l'agriculture
est capable, lire l'intéressant article *The Coming Reign of Wealth*,
in *XIXe Century* de juin 1889.
(2) Voir pour ce qui concerne la richesse de nos moyens de
production et d'échange les chapitres V et VI de « Capitalisme et
Socialisme », 1re partie. Cette statistique est susceptible encore
de beaucoup de développements.

d'hommes, mais de travailler pour le bien-être, le droit et l'égalité de tous. Le but est le bien-être général.

Il n'y a pas de choix. La centralisation des richesses met entre les mains de quelques hommes la vie de millions d'êtres. Une armée d'esclaves travaillent pour eux, obéissent au moindre signal.

Une dizaine de grands commerçants forment un « trust », et nous n'avons plus de blé pour faire le pain, plus d'huile pour nos lampes, plus de charbon pour nos foyers, plus de coton pour nos vêtements, si ce n'est à des prix extraordinaires. Et comme les producteurs ne trouvent plus d'acheteurs parmi leurs compatriotes appauvris, il faut, à l'aide du feu et de l'épée, ouvrir le cœur de l'Afrique et y chercher de nouveaux débouchés. Les capitalistes de l'Amérique du nord déclarent la guerre industrielle à l'Europe et des milliers et des milliers de travailleurs sont condamnés au chômage et à la misère. L'intérêt de quelques-uns l'exige et aussitôt des milliers de soldats, dont l'entretien épuise les nations, se jettent les uns sur les autres et une lutte fratricide s'engage avec toutes ses atrocités.

Jamais un tyran asiatique, jamais un empereur romain n'eut, sur l'existence des peuples, une puissance aussi illimitée que celle des rois de la finance.

Nous marchons vers la plus effroyable tyrannie et l'affaissement moral le plus complet, si une révolution ne vient pas enlever le pouvoir, c'est-à-dire la richesse aux puissants. Les déshérités le comprennent et, du nord au sud, de l'orient à l'occident, l'appel pour cette guerre sainte trouve du retentissement dans les cœurs. C'est en vain que l'on veut décourager les combattants par les persécutions, la prison, et même par l'assassinat ; c'est en vain que la bourgeoisie fait trêve à ses divisions pour s'unir devant le danger commun. Il n'y a pas d'alliance entre monarques, il n'y a pas d'excommunication de pape qui puissent arrêter l'irrésistible courant.

Un empereur pense conjurer le danger par des concessions, l'Eglise pense gagner les mécontents par des aumônes et des promesses ultra-terrestres, mais on sait ce que valent les promesses des puissants. Les travailleurs n'ont pas oublié la valeur d'une parole royale. En 1851, ils virent les mêmes évêques qui avaient béni les arbres de la Liberté, chanter des *Te Deum* en faveur de Napoléon III, tandis que le sang des défenseurs de la liberté coulait à flots par les rues. Trop souvent les fruits de la victoire furent enlevés au peuple ; cette fois, il combattra pour *son* bonheur et pour *sa* liberté.

Dans leur lutte pour la propriété collective, les socialistes n'ont rien à attendre des alliances avec la bourgeoisie, qui a des privilèges à perdre. Du moment où sera instauré l'usage collectif des instruments de production et où chacun recevra le salaire de son travail, c'est-à-dire sera récompensé selon ses efforts, les privilèges du trône, de la richesse et du clergé disparaîtront naturellement. Sous le régime socialiste, il ne sera plus question de princes spirituels ou temporels, car les institutions qui s'appuient sur le capitalisme tomberont avec le capitalisme lui-même. Le fleuve de la révolution roulera calme au-dessus des trônes des rois et des empereurs.

Pendant trop longtemps, le peuple a revendiqué plus de droits et a demandé d'adoucir sa misère. On est resté sourd à ses prières. A peine a-t-on, fouetté par la peur, réalisé quelques petites réformes. Cette peur est justifiée. Le temps des prières est passé. Une nouvelle invasion de Barbares fera trembler sur sa base le vieux monde. Les esclaves irrités vont abandonner à nouveau leurs huttes pour affirmer, le fusil à la main, leur droit à l'existence, leur dignité d'hommes, pour ouvrir une nouvelle période à la civilisation et à l'histoire.

Car le développement de la science, de l'art et de la morale marche de pair avec le développement économique. Dans une société mieux organisée, avec les progrès de la vie matérielle, la liberté et la moralité des individus deviendront plus grandes et les femmes comme les hommes pourront atteindre un plus haut degré de civilisation. Le sort de la femme est intimement lié à la solution de la question sociale. Actuellement, quand elle se marie, elle devient l'esclave de l'homme, qui dispose de son corps et de ses biens. Quand elle ne se marie pas, elle mène une vie abandonnée et sans joie. Le socialisme apportera des modifications à cet état de choses et émancipera réellement la femme. Lorsque l'abrutissant travail domestique sera fait en grand ou mécaniquement, lorsque les machines supprimeront la supériorité physique de l'homme comme travailleur, l'oppression de la femme prendra fin. Alors seulement, elle sera la compagne et l'égale de l'homme et son existence ne dépendra que d'elle-même, de ses propres efforts. Après des siècles de mar-

6.

tyre, après une si brutale application du droit du plus fort exercé par l'homme sur la femme, l'heure de la liberté si longtemps attendue sonnera enfin. Dans ce cas aussi, on peut appliquer la maxime : *Ce n'est que celle qui possède les moyens de vivre, qui peut être libre.*

Le chemin à parcourir pour la liberté est long et douloureux. Chaque pas sur la route est accompagné de cris de douleur. Que de cruautés, que de crimes, que de martyres dans cette lutte séculaire pour l'existence. Jamais un animal ne fut aussi cruel envers d'autres animaux que l'homme ne l'a souvent été envers ses semblables. Et même encore aujourd'hui, dans un siècle qui se vante de sa civilisation, la classe ouvrière devra conquérir le droit à la vie par la violence.

Et quand les déshérités auront atteint leur but, ne versera-t-on plus de sang ? Ou bien, y aura-t-il alors une nouvelle classe d'opprimés, et de nouvelles révoltes seront-elles nécessaires ? Triste question que l'on ne saurait résoudre dès à présent.

Les esclaves émancipés ne songeaient guère aux serfs. les fondateurs de gildes ne songeaient pas aux compagnons et la bourgeoisie ignorait le prolétariat. Quand les vieilles formes sociales se brisent, on ne peut pas savoir comment seront les formes nouvelles et comment celles-ci se développeront. C'est déjà beaucoup que d'envisager ce danger en temps voulu.

Une chose est certaine : La prochaine révolution constituera un progrès énorme, elle procurera le bien-être et la liberté à des millions d'hommes ; elle fera disparaître des misères et des crimes sans nombre et elle donnera, si pas à tous, du moins à l'immense majorité des hommes une existence convenable. Il est probable que la victoire mettra fin à toute lutte des classes, que les biens seront communs et que la liberté sera le lot de chacun. Mais nous ne saurions prédire l'avenir jusque dans ses particularités ni dire quelles seront dans quelques siècles les conséquences des luttes d'aujourd'hui. Nous sommes soumis à des lois plus puissantes que nos volontés. « Les hommes font leur propre histoire, non par leur volonté libre, non d'après les circonstances qu'ils préfèrent, mais d'après les circonstances qu'ils trouvent et qui sont les résultats de circonstances antérieures » (K. Marx).

En tous cas, la lutte actuelle, qui a pour but le bonheur du plus grand nombre, est une des plus nobles que l'humanité ait eu à soutenir. Nos martyrs meurent au moins avec la conscience que le triomphe est proche. Déjà, ils voient l'aube blanchir, les brouillards du prochain avenir sont dissipés, notre but est visible et on peut le considérer avec orgueil.

Nous avons vu, chez les premiers hommes, la liberté disparaître avec la naissance de la propriété privée. Depuis elle resta un privilège inséparable de la possession de la propriété.

Le développement économique procura toujours, plus d'avantages à l'humanité dans sa lutte pour l'existence et toujours de nouvelles classes obtinrent la liberté avec une partie de la propriété. La source la plus féconde de la tyrannie, c'est donc la possession de la propriété.

Faites disparaître la division entre les classes et les individus, et le germe de la liberté grandira et deviendra un arbre superbe. Mais pas subitement, car la liberté complète ne sera possible que lorsque chaque individu pourra satisfaire complètement à tous ses besoins, c'est-à-dire lorsque les instruments de production seront tellement perfectionnés, qu'à peu près sans travail on pourra procurer à chacun les moyens d'existence et de jouissance, le jour où le communisme pourra être appliqué avec toutes ses conséquences. Lorsque chacun pourra réaliser ses désirs et que le travail sera devenu une jouissance, il n'y aura plus aucune raison d'obliger d'autres à travailler à sa place. Il ne servira plus de rien d'écarter qui que ce soit de la table du festin, chacun disposera librement de son temps, de son travail et de ses forces, et il ne sera plus au pouvoir de personne d'empêcher le libre exercice de la personnalité d'autrui. L'égalité complète a pour corollaire la liberté complète, mais le contraire n'est pas vrai. Donc, dès que le communisme sera possible, l'anarchisme naîtra naturellement.

Mais nous n'en sommes pas là. La force de production, si grande qu'elle soit aujourd'hui, peut bien donner à chacun une existence convenable si elle est bien organisée et si les produits sont répartis proportionnellement au travail, mais elle ne saurait satisfaire à toutes les fantaisies du luxe et de la dissipation. En d'autres temps, d'autres hommes atteindront un plus haut degré de liberté et d'égalité, mais notre tâche consiste à en planter le germe et à préparer les hommes pour une vie plus noble, pour une existence plus morale.

Nous ne pouvons contraindre le germe à un développement plus rapide que sa nature ne le comporte. Nous connaissons à peine les lois de sa croissance et les circonstances qui peuvent favoriser son développement. Notre tâche se borne à éloigner tout ce qui peut entraver sa libre croissance. Le reste, nous devons l'abandonner au temps et aux événements. Les cris de *liberté* pour l'individu sont aussi insensés que les impatiences du semeur. Il ne sert à rien de réclamer à cor et à cri la liberté, car celle-ci n'est que la conséquence du développement économique de la société.

La propriété collective des moyens de production, cette base du socialisme, met chacun à même de pourvoir à ses besoins par son travail. Celui qui veut travailler, peut jouir de la vie ou de la liberté. Au paresseux, qui veut rester sous la dépendance d'autrui, nous ne pouvons garantir ni indépendance, ni liberté. Celui qui remplira ses devoirs jouira des droits de la liberté qui, placée dans le milieu le plus favorable, se développera plus puissamment et plus rapidement que jamais.

Si, dans le passé, il n'y avait place au banquet de la vie, après des combats sanglants, que pour quelques milliers d'individus, en régime socialiste des millions d'êtres pourront s'asseoir aux tables bien servies. Mais on ne saurait aller immédiatement trop loin, sans tout remettre en question. Nos forces productrices n'auront pas encore atteint un degré tel que l'on pourra, sans aucune règle, pratiquer « la prise au tas ». Dans sa lutte contre la nature, l'humanité n'est pas tellement victorieuse qu'elle puisse permettre l'arbitraire individuel. Elle a encore besoin de cet ordre et de cette discipline sans lesquels aucune organisation de la production n'est possible.

Les intérêts sont actuellement antagoniques. Ils rendent la liberté absolue impossible et ils exigent l'intervention d'un pouvoir régulateur, l'*État*.

LIVRE TROISIÈME

L'ETAT

> « Comme toutes les institutions humaines qui ne constituent que des *moyens* non des *buts*, l'Etat court à sa propre ruine. Le but de chaque gouvernement, c'est de rendre tout gouvernement superflu ».
>
> FICHTE.

Le terme *Etat* est une de ces nombreuses expressions employées chaque jour, par tout le monde, dans des acceptions différentes. Il n'y a pas longtemps, dans une réunion de la *Société d'Economie politique* à Paris, ce fut en vain qu'on essaya de se mettre d'accord sur les différentes significations de ce mot. Au lieu donc de chercher une définition rigoureuse du mot *Etat*, nous aimons mieux expliquer le sens que nous y attachons. Plus tard nous établirons une distinction entre l'Etat tel qu'il est et l'Etat tel qu'il devrait être.

On éviterait des confusions en appelant l'Etat historique par son nom propre, c'est-à-dire l'*Etat de classe* ou l'*Etat despotique*, tandis que l'Etat de l'avenir serait considéré comme celui du peuple, du droit.

En tout cas, l'Etat est un pouvoir public indépendant de la société, qui, au nom d'une classe ou au nom de la collectivité, peut exercer son autorité sur les membres ou sur les groupes sociaux. Il doit avoir un caractère durable et posséder un organisme propre.

Lorsque nos sauvages ancêtres formaient des hordes et que, dans leurs luttes contre d'autres hordes, ils prenaient comme chef le plus fort d'entre eux, ils ne constituaient nullement un Etat. Aussi longtemps que régna en Germanie la *gens* des premiers âges, celle-ci était une simple institution sociale, mais elle ne possédait ni organisation politique, ni autorité obligatoire.

Un pouvoir directeur et tyrannique ou un pouvoir protecteur se produisit seulement lorsque la divergence des intérêts et des buts fit naître la lutte et lorsqu'une partie de la société dut défendre la propriété et les privilèges — car le droit était encore inconnu — contre une autre partie de la race. L'Etat, le seul que nous connaissions, surgit tout naturellement après la division en classes, qui ne fut que la conséquence de l'inégale répartition de la propriété.

Quand donc nous suivons, à travers l'histoire, les transformations de l'Etat, il en ressort clairement que chacune de ses formes nouvelles n'est qu'une conséquence des rapports modifiés de la propriété.

Cependant l'influence la plus décisive sur le sort et le développement de l'humanité fut produite par le mode d'entretien et de reproduction de la vie. Toutes les institutions humaines, pour un pays déterminé et dans un temps déterminé, se trouvent en relation intime avec le développement du système de production dans ce pays et dans ce temps, avec la forme par laquelle le travail pourvoit aux besoins de nourriture, de vêtement et de logement, et enfin avec la communauté sexuelle en vue de la reproduction. Les révolutions économiques peuvent modifier la forme de la propriété et, par conséquent, la forme de l'Etat. Aussi longtemps que dans notre société subsistera l'irréconciliable opposition du riche et du pauvre, du possesseur et du producteur, l'Etat sera nécessaire pour protéger les privilégiés contre les attaques des déshérités.

Pendant tout le temps que régna le communisme des *gentes*, il ne fut pas question d'un pouvoir d'Etat. La collectivité tout entière décidait des intérêts de la communauté, car les pauvres étaient inconnus dans la *gens*. Sans soldats, sans police, sans noblesse, sans rois, sans *Stadhouders*, sans gouverneurs ou vice-rois, sans juges, sans prisonniers, sans procès, les consanguins de la *gens* surent maintenir l'ordre.

Si notre planète avait été plus étendue, si sa puissance de production avait été plus considérable, de telle sorte que cette race d'hommes libres et égaux n'aurait pas été forcée d'entrer en conflit avec d'autres races, la propriété privée ne serait pas née et il ne se serait formé ni classes ni Etat.

La culture intensive du sol, l'accroissement de la population rendirent bientôt impossible le droit naturel de tous sur tout. La division du travail eut pour conséquence la formation des classes, et pour conduire la lutte un troisième pouvoir fut nécessaire. Ce ne furent plus les anciens usages et coutumes qui firent la loi, mais l'intérêt. Là surtout où les armes conquirent de nouvelles contrées, — les Romains dans le Latium, les Francs dans la Gaule, les Anglo-Saxons en Bretagne, — ce fut là que l'égoïste intérêt individuel produisit la sujétion d'un groupe d'hommes à un autre et la naissance de l'Etat de classe. Celui-ci date donc aussi de la chute du régime de la *gens*, de la domination de la propriété, aussi bien à Athènes qu'à Rome et en Germanie. L'Etat naît partout où disparaît le communisme.

« Une seule chose manquait encore, écrit Frédéric Engels — dans son ouvrage plusieurs fois cité déjà sur l'*Origine de la famille, de la propriété individuelle et de l'Etat*, le très instructif petit livre que, dans ce chapitre, nous suivons scrupuleusement — une seule chose manquait : une institution qui non seulement protégerait les richesses nouvellement acquises contre les traditions communistes des paysans, qui non seulement consacrerait la propriété individuelle, autrefois si méprisée, et qui montrerait cette consécration comme le but suprême de toute société humaine, mais qui imprimerait le sceau de l'estime publique aux nouvelles formes d'acquisition de la propriété qui allaient se développer peu à peu et, par conséquent, à la croissance toujours plus grandissante de la richesse, une institution enfin, qui non seulement ferait perdurer la division naissante des classes, mais aussi qui assurerait le droit des possesseurs à l'exploitation des dépossédés, à la domination des premiers sur les seconds.

« Et cette institution vint : L'Etat fut créé » (page 72).

L'Etat, pas plus que la religion et la morale, n'est donc une force provenant de l'extérieur. Il eut une origine toute naturelle. Il est un produit du développement social.

Sa naissance prouvait qu'un antagonisme insoluble s'était produit dans la société d'alors, antagonisme qu'on ne pouvait éviter, et que, pour prévenir une lutte sans issue, une force supérieure était nécessaire. L'Etat de classe apparut donc avec la lutte des classes. Il disparaîtra avec elle.

L' « Etat » n'est donc pas de toute éternité.

Il y eut des sociétés qui vécurent sans lui.

A une étape donnée de l'évolution économique, qui correspond nécessairement à la division de la société en classes, l'Etat, fondé précisément sur cette division, devient une nécessité. Maintenant nous approchons à pas accélérés d'une période du développement économique où l'existence de ces classes, non seulement a cessé d'être une nécessité, mais est devenue une entrave à la production. La disparition des classes entraînera fatalement la chute de l'Etat.

Alors la société, qui organisera la production sur la base de l'association libre et égale des producteurs, remisera toute la machine gouvernementale d'aujourd'hui dans les musées d'antiquités auxquels elle appartiendra désormais, à côté du rouet et de la hache de bronze (Fr. Engels, page 140).

Un pouvoir dominateur sera indispensable aussi longtemps que subsisteront les intérêts antagoniques, bien que ce pouvoir ne doive pas avoir nécessairement le caractère immoral qui caractérise le régime gouvernemental actuel. La société a le droit de protéger le droit des faibles contre les attaques de quelques individus ou groupes d'individus. Mais l'organisation sociale dans l'intérêt de tous ne ressemble en rien à l'organisation moderne, faite en vue des intérêts particuliers des dirigeants : il y a une différence entre la lutte pour le salut de la collectivité et celle pour les privilèges d'une classe ! L'État de classe, né pour prévenir et régler les conflits, s'est séparé de plus en plus de la société, de telle sorte qu'aujourd'hui la société et l'État se trouvent placés en ennemis, l'un en face de l'autre. Au lieu de protéger la vie de tous, le pouvoir politique dépouille le pauvre de sa nourriture et opprime précisément ceux qui ont le plus besoin de protection. Notre État de classe est le comble de l'injustice et de la cruauté, toute la puissance du gouvernement s'appuie sur les baïonnettes des soldats, « c'est une citadelle au milieu d'un pays ennemi » (Linguet).

La politique actuelle, c'est la science qui a pour objet de maintenir le désordre social par la ruse et par la violence. L'économie politique enseigne comment on tire de cette situation le plus de profits, pendant que la justice venge toute attaque contre cette organisation et que l'Église sanctifie toute cette injustice.

Que l'État soit monarchique, aristocratique ou républicain, son but essentiel, c'est la protection de la propriété de la classe dirigeante. Il ne constitue pas l'union d'hommes libres qui luttent pour un développement supérieur du genre humain, mais une association de quelques-uns qui songent toujours aux moyens d'accroître leurs richesses. Les intérêts de la propriété absorbent l'intérêt général. Les formes peuvent devenir plus hypocrites, mais en réalité le règne de la violence est aussi puissant que du temps des brigandages des seigneurs féodaux.

Esclavage et humiliations, ce fut le lot des Ilotes à Sparte, des serfs du moyen âge. C'est encore le lot de la femme dans la famille, des sujets des monarques, des nègres des mines et des plantations de sucre, du salarié de la fabrique. Toujours les intérêts des riches et des puissants priment la liberté et le bonheur des sacrifiés et des sans-droits.

« Dans les lois et les règlements de l'État tout est combiné pour placer les pauvres, les humbles, les dépendants dans la condition la plus mauvaise possible » (Kuyper, *Notre programme*, page 1096).

Le puissant triomphe. C'est son bon plaisir qui est le Droit, c'est son privilège qui décide. « Aucun gouvernement n'a assez d'énergie pour résister à la passion des hommes de finance », disait le député Brouwer au Parlement hollandais. De son côté, Maudsley écrivait : « Les pires des voleurs, ce sont les directeurs des entreprises financières et ils sont en même temps nos législateurs ! »

Il est donc nettement reconnu que la classe dirigeante abuse du pouvoir de l'État pour maintenir et accroître ses richesses.

A cet État de classe, qui est le résultat de l'égoïsme, de l'intérêt privé et de la cruauté, qui est étranger à toute lutte pour l'idéal, qui éveille et entretient les passions les plus viles, dont l'existence est une honte permanente pour la justice, qui ne s'appuie que sur la force et ne se maintient que par les atrocités, à cet État-là nous livrons bataille. Quand le temps sera venu, nous nous rangerons parmi les révoltés qui auront inscrit sur leur bannière cette devise : « Guerre à l'État ».

Jusqu'ici, nous n'avons d'autre conception de l'État que celle qui nous a été léguée par l'histoire de tous les pays et de tous les peuples, dans tous les temps. La liberté — nous l'avons appris par la courte description de son histoire dans le chapitre précédent — était indissolublement liée à la propriété, et le moyen pour protéger cette propriété, ce fut la puissance de l'État.

Aux temps sauvages, alors que les hommes ne produisaient pour ainsi dire rien et qu'ils se contentaient de s'approprier les produits naturels du sol, la constitution d'un pouvoir d'État était impossible. Les différends pour la possession étaient aplanis par les possesseurs eux-mêmes. Quand vint la Barbarie (voir L. Morgan, *On Ancient Society*), que l'agriculture et l'élevage du bétail naquirent, que le travail de l'homme seconda celui de la nature, les héros et les despotes, les prêtres et les dieux surgirent en même temps que l'inégalité des richesses. Ils formèrent une classe qui se posa en ennemie des autres classes, qui, elles, furent condamnées au travail et aux privations.

Dès que la nécessité du salut et de l'existence de la race eut créé une discipline assez forte pour ne plus succomber dans la lutte contre d'autres peuples et d'autres races, l'individu fut livré corps et âme à l'État qui, au surplus, ne se composait que des quelques possesseurs des richesses. Les liens du sang furent remplacés par ceux de la propriété, les obligations envers la famille se traduisirent par d'autres obligations, celles de défendre la propriété conquise.

En Grèce, toute la puissance de l'État se trouvait entre les mains des familles les plus nobles qui possédaient le sol. Elles seules pouvaient occuper les emplois publics, faire des offrandes aux dieux, participer aux jeux. Les cultivateurs, les commerçants et les marins étaient exclus de toutes les fonctions de l'État. Ils pouvaient seulement exercer le petit commerce. Les libres Hellènes s'occupaient presque exclusivement d'art et de grand commerce ; ils faisaient seuls partie de l'armée, car on ne voulait pas confier des armes aux esclaves et aux sans-droits. Solon réglementa même l'armement d'après la propriété, et notamment d'après la quantité de moisson des champs particuliers, quantité exprimée en *medimni* ou boisseaux et d'après laquelle les classes étaient divisées. On choisissait les chefs en temps de guerre parmi la première classe de 5oo mesures. La classe de 3oo mesures fournissait les cavaliers qui devaient payer les frais d'entretien de leur cheval et de leur valet de pied. Les membres de la troisième classe — 3oo mesures — servaient seulement comme capitaines et devaient fournir un attelage de chevaux, de bœufs ou de mulets. Ceux de la quatrième classe — moins de 200 mesures — s'appelaient *Fhètes* ou journaliers ; c'est parmi eux que se recrutaient les soldats légèrement armés et les matelots. Les hommes des trois premières classes pouvaient seuls occuper des emplois publics et honorifiques, d'où étaient exclus les gens moins riches de la quatrième classe.

Les familles privilégiées et armées avaient aboli déjà la royauté dès le vııe siècle avant J.-C. Elles l'avaient remplacée par un gouvernement républicain d'aristocrates. La foule désarmée était impuissante à se soustraire au joug des riches, qui nommaient dans leur sein les hommes appelés à diriger l'État et à protéger leurs propriétés. Ce n'est que lorsqu'un patricien riche se mettait à la tête de la foule, qu'il donnait à celle-ci de l'argent et des armes, que le peuple parvenait temporairement à s'emparer de l'autorité, à acquérir des champs et des trésors, et à stipuler la remise des dettes et autres privilèges. Alors il sacrifiait toute liberté pour soutenir le pouvoir du tyran qui lui procurait un sort meilleur, souvent les arts et le bien-être, mais toujours aussi le tyran constituait une garde-du-corps pour défendre sa personne et son autorité usurpée.

A Rome, l'histoire de l'Etat passe par les mêmes phases. Déjà au vıe siècle av. J.-C., Servius Tullius divisa tous les habitants en classes d'après leurs biens. Les cinq premières classes avaient le droit de vote selon le nombre de centuries (1) dont chacune d'elles se composait. Il y avait en tout 193 centuries dont 80 centuries de riches patriciens. Les chevaliers qui affer-

______

(1) Centurie : partie de l'armée composée de 100 hommes qui, ensemble, possédaient une voix, même lorsque la centurie n'était pas complète.

maient les douanes en avaient 18, de telle sorte qu'avec les patriciens ils avaient toujours la majorité sur les plébéiens (1) qui, comme petits propriétaires, ne jouissaient pas des droits civils, mais étaient obligés de participer aux impôts et au service militaire, sans rien recevoir en échange. La sixième classe était seulement soumise au droit de capitation, formait le peuple sans propriété, les *prolétaires* (2) qui étaient, il est vrai, exempts du service militaire, mais qui ne possédaient ni pouvoir, ni droits politiques. C'étaient les mi-libres ou serfs et les clients protégés des riches, espèce de volontaires. Nous avons décrit précédemment le sort des esclaves.

L'État romain était donc entièrement aux mains du roi, du Sénat et du *populus* (peuple), c'est-à-dire des patriciens et des propriétaires fonciers. Pour subvenir à l'entretien du roi, on avait les produits de domaines très étendus, ceux des ports, des amendes et d'autres impôts. Pour la participation au service militaire ou au service de l'État, il n'était dû aucune indemnité. Pendant que la petite propriété du plébéien était souvent confisquée par les lois sévères sur les dettes et que lui, sa femme et ses enfants perdaient toute liberté, les patriciens étaient entrés en possession privée de toutes les terres communes (*ager publicus*), qu'ils faisaient cultiver par des clients, des fermiers ou des esclaves et ils

_____

(1) *Plébéiens* : les indigènes des villes limitrophes.

(2) *Prolétaires* : qui ne possédaient rien, n'étaient donc bons à rien, si ce n'est que par leurs *proles*, c'est-à-dire leurs enfants, fournissaient autant de travailleurs.

7.

multipliaient leurs richesses grâce au commerce mari-
time et à la piraterie. Bien qu'ils eussent à payer un
impôt déterminé (1) pour l'*ager publicus*, ils s'y sous-
trayaient constamment, ce qui leur était d'autant plus
facile qu'ils occupaient tous les emplois publics et ren-
daient eux-mêmes la justice.

Les plébéiens luttèrent avec opiniâtreté pour conquérir leur part des terres communes. Cassius, Genucius
et plus tard les deux Gracques tombèrent sous les coups
meurtriers des patriciens. Pendant des siècles, toute
l'histoire de Rome se concentra dans la lutte entre patriciens et plébéiens pour la possession du pouvoir et
de la propriété.

Ce ne fut qu'en 302 av. J.-C. que l'égalité des classes
fut établie, que les fonctions de l'État, de l'armée et du
clergé furent accessibles à tous. On avait vainement es-
sayé autrefois de limiter par la loi à 500 arpents la propriété des patriciens, tandis que le reste du sol aurait
été divisé entre les plébéiens par lots de 7 arpents.
Mais le libre développement de la propriété agrandit
encore les biens des familles nobles. Par l'usure, par
l'achat, par la ruse, par la violence, elles devinrent propriétaires de la plupart des petites fermes et leur puissance ne connut plus de bornes. « L'arbitraire de quelques-uns — écrivait Salluste — décidait de la paix ou
de la guerre à l'intérieur et à l'extérieur de Rome ».

« Grâce au pouvoir, l'égoïsme devint sans frein. Il

_____

(1) Ce droit consistait en 1/10 du blé et 1/5 du vin et des fruits,
ainsi qu'une partie du bétail.

déshonora, détruisit tout, ne respecta plus rien; plus rien ne fut sacré jusqu'au jour où il se détruisit lui-même » (Weber, *Weltgeschichte*, p. 346.)

Par la corruption, la fraude, l'affranchissement des esclaves et la menace, les familles riches, les optimates (aristocrates) surent à leur gré diriger les élections et rendre inutile pour les plébéiens l'égalité qui leur avait été accordée. Leurs richesses acquirent des proportions de plus en plus grandes, grâce à leur fausse comptabilité, à la spoliation, à la confiscation des biens, jusqu'à ce qu'enfin toute la classe moyenne eut disparu et qu'il ne se trouva plus en présence que les riches et les prolétaires dépossédés.

Dans les siècles précédents, il était arrivé aux plébéiens de refuser d'aller combattre l'ennemi extérieur. Lorsque l'empereur Auguste eut conquis la toute-puissance, il ne trouva plus aucune résistance dans le peuple, auquel il accordait « du pain et des jeux ». Les soldats furent séparés des autres citoyens, ils devinrent des mercenaires chargés de veiller sur les Césars. Le despotisme militaire enleva tout pouvoir aux citoyens qui avaient perdu toute énergie et le Sénat devint un instrument docile dans la main des empereurs. Constantin (IVe siècle ap. J.-C.) sut compléter sa puissance. Aucune distinction ne fut plus faite entre sa caisse particulière et le trésor de l'Etat, qu'il s'appropria tranquillement. Cependant, sous les Empereurs, le sort de la masse fut moins insupportable que sous le règne des cruels et égoïstes patriciens.

Mais comme toujours, lorsque les abus devinrent criants, la puissance impériale alla à son déclin.

En Grèce, le nombre des esclaves s'était, à un certain moment, accru au point qu'à Athènes pour 18 esclaves et 2 serfs, il y avait 1 homme libre (1). A Sparte, 9.000 familles possédaient autant de terres que 39.000 Périèques (2), tandis que les Ilotes (3) devaient vivre exclusivement de leur salaire, qui leur était payé en froment, en huile et en vin. Même dans les communes doriques, toutes les terres se trouvaient à un certain moment entre les mains de 100 familles tandis que les autres habitants, accablés par les dettes, avaient perdu tout pouvoir et tous droits.

C'est à ce moment que l'injustice ne put se maintenir plus longtemps. Les trois quarts de la population étaient privés de droits et de propriété. Dans les conflits sociaux permanents entre riches et pauvres, la domination de Rome sur la Grèce fut un bienfait, ce fut le salut.

A Rome la plupart des citoyens étaient devenus pauvres et sans influence ; les dures lois relatives aux dettes conduisirent nombre de plébéiens à la prison et aussi à l'esclavage. Le pays se dépeupla et les campagnes furent mal cultivées. Là où jadis 150 paysans pouvaient vivre avec leurs familles, il y avait une seule famille noble vivant dans l'abondance et une cinquantaine d'esclaves dans le dénûment. Les proconsuls, gouverneurs de pro-

____

(1) On estimait le nombre des esclaves à Athènes à 365.000, à Corinthe à 460.000, à Aegina à 470.000.

(2) Périèques : Habitants des environs de Sparte qui avaient un peu de terre en propriété.

(3) Ilotes : Esclaves qui ne possédaient pas de terres et avaient perdu toute liberté.

vince, et les légions exploitaient les provinces, et 1.600 hommes avaient usurpé tout le sol connu du territoire appartenant aux Romains. Il n'y avait plus en présence que quelques Crassus, un certain nombre de citoyens sans énergie et une classe d'esclaves composés d'une soldatesque brutale, de porte-faix et d'employés. Mais le proverbe romain restait toujours vrai : « Ai ' mt d'esclaves, autant d'ennemis ». Rome allait bientôt succomber sous l'excès de l'*inégalité*.

Le régime politique connu sous le nom de *féodalité* naquit du mélange des mœurs et des coutumes des anciens Germains, dont nous avons parlé, avec les institutions romaines.

Le roi, de chef temporaire qu'il était pour la période d'une expédition, était devenu un monarque permanent et il usurpa tous les domaines publics des provinces de Rome vaincue. Il en donna une grosse part à ses guerriers comme propriété libre (Allod); le reste, principalement les terres des environs des villes, fut affermé à son profit. En échange de la donation des terres, le service militaire était devenu obligatoire pour les vassaux, qui étaient chargés de défendre le souverain et ses propriétés. L'institution des *beneficium* (1) et des colonats (2) fut empruntée à Rome, et Clovis considéra les propriétés d'autrefois comme une propriété personnelle, dont il disposait à son gré. L'Église reconnut cette spoliation et, elle aussi, prit avidement sa part. La propriété

---

(1) *Beneficium* : Terres données en usufruit.
(2) Colonat : Ferme pour laquelle il était dû au seigneur une redevance annuelle.

communale fut usurpée petit à petit. Comme signe de sa puissance, le clergé affranchit de tout impôt les biens de l'Eglise et établit une justice propre. Il *enleva* le droit de cité aux païens et aux Juifs et c'est ainsi que l'Eglise se tailla une large part dans les dépouilles de la nation.

L'empereur et la papauté luttèrent pour assurer leur suprématie, la noblesse et le roi pour la conquête de l'Etat. Mais toujours tous les emplois, tous les honneurs, tous les droits étaient le lot des riches. Il ne restait pour les pauvres que des devoirs. « Pas de droits pour eux. Justice n'est mie (pas) à vilain », déclarait carrément la reine Blanche. La propriété de la terre décidait en maîtresse souveraine. Là où les marks avaient survécu, les droits et la liberté étaient plus grands que dans les régions où les paysans avaient perdu leurs terres et où ils devaient servir leurs seigneurs dans l'armée et sur les champs. Là aussi où les nobles perdaient leurs propriétés, ils perdaient en même temps leur puissance. Il fut un temps, au xıı⁰ siècle, où les nobles *vraiment riches* étaient devenus fort rares : tous étaient dépendants du roi ou du suzerain.

Dans la lutte pour la propriété des villes contre les rois et la noblesse — lutte qui sévit surtout au xv⁰ siècle — la richesse acquise par le commerce et l'industrie donna à la bourgeoisie naissante une grande puissance dans l'Etat. La poudre et le fusil servirent à conquérir et à maintenir le pouvoir politique. D'ailleurs, la noblesse, ou bien perdit peu à peu le goût de la guerre et des armes, ou bien employa sa vaillance au service du roi, en s'enrôlant dans son armée. Dès lors, le régime féodal n'avait plus de raison d'être.

Aussi bien en France, où Louis XI introduisit la centralisation politique, qu'en Allemagne, où les rois protestants étaient devenus riches par la spoliation des biens du clergé, les rois catholiques par celle des biens communaux, partout le pouvoir royal devint le pouvoir politique par excellence. La période qui va de la *Réforme* à la Révolution française peut être justement appelée le régime de la *Monarchie absolue*.

La noblesse, qui avait perdu ses biens, perdit également tout pouvoir dans l'Etat. Les nouveaux possesseurs de l'argent et des terres allaient bientôt conquérir l'autorité. Les descendants des vilains (1) étaient devenus des industriels, des commerçants, des fermiers, et bientôt ils osèrent écrire : « Le seigneur n'est que le premier habitant » ! Les bailleurs de fonds des rois et les intendants prendront un jour le gouvernail de l'Etat. Law disait au marquis d'Argenson : « Une trentaine de riches fermiers généraux disposent de la liberté, du bonheur, du bien-être ou du dénûment de vos provinces ».

Que le pouvoir politique reposât sur la volonté de Dieu ou sur celle des rois, qui avaient fait asseoir le crime sur le trône — son principal fondement fut toujours la propriété, par laquelle les possesseurs de celle-ci étaient maîtres des moyens de subsistance de la masse (2).

----

(1) *Vilain* : Terme de mépris employé par les nobles pour désigner les serfs.

(2) Le langage lui-même subissait l'influence de la propriété.

Le pouvoir tombera donc bientôt entre les mains de la bourgeoisie, car les iniquités sociales avaient, d'autre part, atteint un tel degré, que la chûte de la royauté absolue ne pouvait plus tarder longtemps.

Les recettes de l'Etat étaient entièrement au pouvoir du roi qui retirait de ce chef environ 477 millions. Il possédait en outre, comme propriété personnelle, la septième partie de tout le sol français, tandis qu'il considérait comme *son* domaine toutes les autres terres qu'il avait simplement cédées à titre de *fiefs*. De leur côté les princes du sang possédaient également 1/7 du sol, de telle sorte les 2/7 de toute la France étaient considérés comme étant la propriété privée de la famille royale ! Le roi décidait des emplois d'abbés et d'abbesses (1) et de 20.000 emplois ecclésiastiques, dont les dignités étaient conférées, non à la vertu et au mérite, mais par bon plaisir et par favoritisme. Louis XVI voulut, par des donations considérables, empêcher l'appauvrissement de la noblesse et entretenir leur vie de luxe (2). On peut compter qu'il y avait 1 seigneur par

Exemples : Le mot flamand *zedelyk* (moral) est de la même famille que le verbe *bezitten*, posséder, *bezeten* au participe passé. Un homme moral c'est un homme rassis, qui *possède* un patrimoine.

Le mot français *Mœurs* a la même origine que le mot *demeure*.

Patriarche signifie *propriétaire* de bétail.

Le terme flamand *dochter* (fille), du sanscrit, veut dire *vachère*, celle qui trait la vache.

Le terme anglais *Wealth*, en flamand *Weelde*, richesses, abondance et les termes *gewalt* et *geweld*, violence, proviennent du même radical.

. (1) Sur leurs revenus, voir page 82.

(2) Louis XVI donna à la comtesse de Polignac 40.000 livres

1.000 habitants, soit 30.000 seigneurs environ pour toute la France et ceux-ci avec le haut clergé décidaient du sort de 25 millions de Français.

. Les classes privilégiées se livraient au gaspillage. Le peuple fut cruellement exploité. Ce n'est pas sans raison qu'on chantait : « Le roi enlève le pain des pauvres pour en faire des carrosses pour les riches ». Les impôts avaient atteint des proportions scandaleuses. La taille et le droit de capitation, qui s'élevaient en 1715 à 66 millions, avaient atteint, en 1789, 110 millions ! Sur 100 fr. de revenu le fisc en prit souvent 52 et en Auvergne quelquefois 70 à 85 francs !

Le plus pauvre journalier, qui ne gagnait pas plus de 35 à 60 centimes par jour, devait payer au bout de l'année un droit de capitation de 20 francs. Pour augmenter l'impôt sur le sel, chaque adulte fut obligé d'acheter annuellement 7 livres de sel. Cette mesure eut pour conséquence 4.000 ventes par autorité de justice et 3.400 condamnations par an. Les corvées seigneuriales pour les routes et les canaux occupaient le temps du cultivateur et, pour le transport des troupes, on réquisionnait son cheval, ses charrettes et son foin.

D'autre part, la noblesse et le clergé surent maintenir leurs privilèges relatifs aux impôts. Si le droit de capitation était de 1/10 pour le plus pauvre, il n'atteignait que 1/100 du revenu du noble. Lorsque le vide

en une seule fois, à sa fille 800.000 livres plus 35.000 livres de rente annuelle. Pour empêcher la banqueroute de la famille Guéménée, il acheta pour 12 1/2 millions des biens qui ne valaient que 4 millions. Deux familles nobles (les Noailles et les Polignac) jouirent ensemble d'une pension de 2.700.000 francs.

du trésor menaçait l'Etat de banqueroute et que, par
conséquent, de nouveaux impôts furent nécessaires, les
princes du sang s'en tirèrent avec 188.000 francs, alors
qu'ils étaient en réalité redevables de 2.400.000 francs.
Bien qu'à cette époque les deux classes supérieures —
noblesse et clergé — fussent plus riches que le tiers état,
elles ne payaient pas le 1/8 de ce qu'on exigeait des
bourgeois. Tous ceux qui occupaient les emplois publics étaient exempts de la taille et payaient seulement
un léger droit de capitation. Le peuple, pauvre et travailleur, supportait donc toutes les charges de l'Etat
sans avoir aucune influence sur le gouvernement.

La mesure était comble et, lorsque les mauvaises ré-
coltes firent monter le prix du blé de 9 à 14 sous, partout éclatèrent des révoltes de famine. La Bastille tomba
et le roi perdit la tête sur l'échafaud.

Mais hélas ! la prophétie de Loustalot, après la nuit
du 4 août 1789, ne se réalisa que trop bien : « Cette
révolution substituera l'aristocratie de l'argent à l'aristocratie de naissance » (Maxime du Camp, *Revue des
Deux-Mondes* 1887).

Lorsque la classe bourgeoise devint un obstacle au
pouvoir divin des rois, la volonté de Dieu fut remplacée par sa volonté à elle et le « remède divin » perdit toute influence en politique. Ce n'est pas, en effet,
Dieu, c'est la propriété qui gouverne le monde.

Aussitôt que, grâce au développement de l'industrie,
les hommes sentirent cette vérité — sans encore oser
l'exprimer ouvertement — et qu'ils l'appliquèrent malgré eux, le clergé perdit beaucoup de son influence.

Cependant l'Eglise avait réellement réalisé beaucoup de bien. Elle avait, par ses aumônes, soulagé le sort des pauvres ; par ses institutions charitables, celui des malades, des vieillards et des orphelins ; elle avait souvent défendu l'esclave et le serf, le mercenaire et le compagnon contre leurs oppresseurs. Mais sa charité ne jaillissait pas d'une source pure ; avant tout, elle cherchait à raffermir son propre pouvoir. C'est pourquoi son influence, à la longue, n'a pu et ne peut se maintenir, et c'est pourquoi aussi, avec les rois féodaux dont l'histoire fut liée pendant tant de siècles à sa propre histoire, elle doit périr devant la machine à vapeur dont la voix est plus puissante que celle de Dieu !

La Révolution française avait aboli les classes, enlevé tous les privilèges à la noblesse et au clergé et confié le pouvoir politique au Tiers-Etat, qui déjà se trouvait en possession de toutes les richesses. Une réglementation libre, vraiment libérale avait pu caractériser le triomphe de la bourgeoisie, mais le pouvoir politique semble toujours être l'instrument qui doit servir à maintenir la domination des nouveaux possesseurs, à opprimer les pauvres et à s'opposer à toute attaque contre la propriété. La longue lutte pour les libertés constitutionnelles ne fut qu'une lutte de classes qui avait pour but de fortifier la puissance bourgeoise.

Désormais l'argent (le cens) (1) seul donnera le droit

______

(1) *Cens* : impôt qu'il fallait payer pour être électeur.

de participer au gouvernement du pays, permettra l'accès de l'enseignement supérieur et des emplois publics et là même où l'on fut obligé de subir le suffrage universel, l'argent assurera la prépondérance dans les élections. Un nouveau Sénat, composé de propriétaires et de riches, est chargé de réfréner l'indépendance des soi-disant représentants du peuple. Il veillera surtout à ce que les impôts pèsent principalement sur le pauvre (1). Le droit public aura pour but la sauve-

(1) Malgré l'abolition de l'accise simple et des impôts sur la mouture, le charbon et la tourbe, les impôts de consommation s'élevèrent en Hollande, de 24 millions de florins qu'ils étaient en 1850, à 42,6 millions en 1885, c'est-à-dire une augmentation de 80 0/0, alors que l'augmentation de la population n'était que de 35 0/0.

Les impôts de consommation, qui pèsent surtout sur les plus pauvres, rapportent plus que l'impôt foncier, les patentes, l'impôt personnel et les droits successoraux réunis et l'on peut même y ajouter les centimes additionnels. Alors que l'Etat néerlandais ne reçoit rien sur 200 millions de fortune mobilière, la population paye annuellement et par tête, sur le genièvre 5,36, fl. sur le sel, le savon, la bière et le vinaigre 1,54. Les accises montèrent de f. 5,43 (en 1864) à f. 9,96 (en 1885) par habitant. D'un revenu de 10 f. par semaine, le travailleur paie en accise et en droits d'entrée 55 f. par an, soit 11 0/0. Le riche ne paie pour un revenu de 20.000 f. florins que 1/4 0/0.

(Gerritsen, *Amsterdammer*, janvier 1889).

Le droit de timbre (vente, hypothèque, enregistrement) qui rapporte 8,5 millions pèse avant tout sur les petits et pour les 3/4 constitue un « impôt sur le malheur ».

(Id.)

Pour la contribution personnelle, celui qui a à dépenser 1.500 f. paye une valeur locative équivalente à 1/5 de son revenu ; s'il a 15.000 f. à dépenser, il n'en paye plus que 1.500 f. soit 1/10 de son revenu.

(Vitus Bruinsma).

Un négociant qui possède 80.000 florins de revenu ne paie jamais plus que 400 f. pour sa patente, soit 1/2 0/0. Son comptable avec 1.600 florins paie 24 f. soit 1 1/2 p. c.

(Id.)

Les pasteurs protestants et les avocats jouissent de privilèges

garde des intérêts des riches, l'organisation puissante des pouvoirs publics en vue de l'oppression des pauvres. L'armée, la police, la justice seront les instruments à l'aide desquels la tyrannie de la propriété sera maintenue. Plus l'opposition sera faible, timide, plus le pouvoir sera fort. On ne reculera même pas devant le Césarisme. Ce n'est pas l'autorité morale, mais la violence qui maintiendra le règne des rois de l'industrie.

Avec la domination bourgeoise apparaît la période la plus cruelle de la lutte pour l'existence. Il n'y a plus d'*Ordonnances* de Dieu qui retiennent la bourgeoisie, aucun enseignement moral ne l'empêche de poursuivre avec une passion folle la chasse à l'or et aux richesses. C'est la lutte de tous contre tous, lutte furieuse sans miséricorde pour les faibles. La victoire du capitalisme porta au pouvoir une classe qui considérait l'or, la terre l'enfant, la femme et la conscience comme des objets de vénalité. « Une classe bête, immorale, avide, sans principes, toujours prête à piller le trésor public et à exploiter le pauvre » (Proudhon). Toute la machine gouvernementale devint un moyen pour protéger et

mais les fonctionnaires et les rentiers ont des privilèges plus grands encore. D'après les calculs de Bruinsma, on peut établir la situation suivante pour la ville de Leeuwarden : Un commerçant paie en impôt, 14 0/0 de son revenu si celui-ci est de 1.000 f. ; un rentier paie 9 1/2 0/0. Si le revenu s'élève à 2.000 f., le commerçant paie 12 0/0; le rentier 8 0/0. Un fonctionnaire ou un rentier avec 12.000 f. de revenu paie 7 0/0 ; un négociant avec 28.000 f., 8 0/0. Par contre, un cabaretier, qui fait 1.500 f. de recettes, est imposé pour f. 387.73, soit environ 25 0/0 de ses recettes. L'ouvrier néerlandais verse chaque année dans la caisse du Trésor 5 1/2 à 6 0/0 de son salaire. Le prince Frédéric avec un revenu de 4 millions de florins versait 1/2 0/0.

augmenter les richesses, dussent dépérir les corps et les intelligences de millions de dépossédés. On ne découvre dans leurs lois aucune trace de sentiment du droit. « Couvrez d'or le péché et, le nerf de la justice se brise » (Shakespeare).

Il y avait maintenant — pour parler le langage des Calvinistes — « une autorité pour le mal », non pour combattre le mal, mais pour protéger l'égoïsme et l'inhumanité, ces maux du capitalisme.

De tout temps, l'égoïsme fut le mobile du pouvoir, l'égoïsme et la chasse aux richesses, non pour le bien-être général, mais au profit de quelques-uns; mais jamais ces vices ne furent aussi impudemment étalés que dans l'Etat bourgeois.

Des millions d'ouvriers périssent dans les fabriques, sur mer, au fond de la terre. Ils meurent avec femme et enfants d'une mort lente, par suite de l'insalubrité de leurs demeures, de l'insuffisance de leur nourriture et de leurs vêtements et des trop grandes fatigues de leur travail. Les capitalistes restent froids devant ce spectacle. Même entre eux, ils se livrent une guerre de destruction avec une fureur jamais apaisée. Et c'est comme si les vainqueurs trouvaient de la satisfaction dans les cris de douleur des blessés et dans les souffrances des vaincus. L'Etat c'est la roche qui émerge de la mer et d'où l'on regarde d'un œil indifférent les noyés qui se débattent désespérément contre les flots, attendant vainement qu'une main secourable les sauve de la mort.

L'Etat dispose de la science, de la religion, de la police, de l'armée et de la justice pour désapprouver, pour condamner, pour prévenir et pour punir toute atteinte à la propriété. Du dérisoire salaire que l'on paie aux travailleurs, on prélève encore des impôts de tous genres, impôts dont le produit sert à l'entretien d'une armée chargée de maintenir le peuple dans la sujétion (1).

« La loi, dit Bastiat, au lieu d'être le bouclier qui couvre également tous les membres de la société, n'est que trop souvent déjà le champ de bataille de toutes les cupidités et de tous les égoïsmes. » Indifférentes au sort des petits et des humbles, les lois constituent simplement des privilèges pour la caste ou le parti qui conquiert le pouvoir. Celui-ci est toujours occupé par les classes possédantes, qui oublient leurs querelles intestines et se forment en une phalange serrée dès que la masse des déshérités montre la velléité de voir instaurer le règne du droit et de la justice.

Cependant, leur opposition sera vaine. La réalisation de la justice, voulue par l'humanité et par la morale, est inévitable, est devenue une nécessité historique. Il y a une limite à l'exploitation de la masse qui n'a que trop longtemps souffert en silence, et qui va mettre bientôt fin à une tyrannie devenue insupportable. L'ignorance peut conserver longtemps le respect pour ce qui n'est digne que de mépris. L'éclat du trône et de l'autel a souvent aveuglé le bon peuple naïf, qui ne voyait pas

(1) Des 8.800 millions florins, que les gouvernements européens dépensent annuellement environ, 2.250 millions sont consacrés aux armées et aux marines et 2370 millions sont payés comme intérêts d'une dette qui s'élève actuellement à 58.500 millions (1892).

qu'une couronne ou une tiare peut être portée par un misérable et mettre une auréole à l'injustice. Mais, finalement, la lutte pour l'existence reste le ressort le plus puissant du progrès humain. Quand la situation devient tout à fait intolérable, la masse désabusée apprend que ses ennemis, tout en étant très puissants, ne sont pas invincibles. Quand la vie et la souffrance de millions d'hommes dépendent des caprices et de l'égoïsme de quelques centaines d'individus, lorsque le sacrifice de quelques martyrs a ouvert le chemin et que le saint esprit de révolte contre l'injustice et la violence s'est éveillé dans le cœur des peuples, alors la fin de la tyranie est proche. Quand un système d'abus est arrivé à son dernier terme, et que la masse n'a plus à choisir qu'entre la lutte et la misère, les faibles apprennent à unir leurs forces, et leurs coups écrasent les orgueilleux qui croyaient leur règne éternel.

Quelle est actuellement la situation de notre Europe civilisée ?

Le sol et le sous-sol, autrefois possédés par tous, sont devenus la propriété de quelques-uns.

En *Angleterre* et dans le pays de Galles, il y avait, en 1875, 972.836 propriétaires fonciers, soit 22 1/2 p. c. de la population. 290 ou 0,03 p. c. de ces propriétaires possédaient 12,5 p. c. de la surface ; par contre, 87 p. c. possédaient 12,7 p. c. et 72,4 p. c. n'avaient en propriété que les 0.5 p. c. de toutes les terres. Le duc de Northumberland possédait à lui tout seul 75.000 hectares, c'est-à-dire plus que 708.289 propriétaires de moins d'un acre (1).

(1) 1 acre = 0,404 hectare.

En Ecosse, 21 individus possédaient 33 p. c. et 1.700 individus 90 p. c. de toute la surface. D'autre part, 81 p. c. des propriétaires n'avaient que 15 p. c. de terres.

En Irlande, il y avait 744 propriétaires en possession de la moitié du sol, tandis que 62.297 n'en avaient que le 1/8.

Pour l'ensemble de la *Grande-Bretagne* et de l'*Irlande*, la situation est la suivante :

523 lords ont 1/5 du sol, les 5.000 plus grands propriétaires les 2/3 et 15.000 grands propriétaires les 5/6. D'autre part, 130.000 petits propriétaires ne disposent que de 1/35.

D'après R. Giffen, en 1885, la valeur du sol cultivé était de 21.000 millions, celle des bâtisses de 24.000 millions, c'est-à-dire que les biens immobiliers avaient une valeur totale de 45.000 millions de florins (*Economiste français*, 1890, p. 611).

En *France*, 12 p. c. de la population possèdent 78 p. c. et 75 p. c. des propriétaires seulement 10 p. c. Les 9/10 des cotes se composent de moins de 6 hectares et comprennent le 1/4 de la surface ; les 3/4 ont moins de 2 hectares ou ensemble 1/10 du tout. Par contre, 0,86 p. c. des cotes (de plus de 50 hectares) comprennent 35 p. c. ou 1/3 de toute la surface (A. de Foville, *France économique*, p. 72).

Le prix de vente des terrains non bâtis était, en 1879-1881, de 45.800 millions et celui des terrains bâtis de 24.600 millions de florins. Ensemble, 70.400 millions.

En *Allemagne*, il y avait, en 1883, 4.043.238 propriétaires de moins de 6 hectares et 1/80 d'entre eux possédaient les 3/4 des terrains bâtis ; 70.5 p. c. des exploitations avaient en usage 14,8 p. c. de la superficie, mais par contre 1,3 p. c. n'en avaient que 34,6 p.c.

Quinze (15) grands propriétaires terriens possédaient 3.925.000 hect. ou 1/9 de toute l'Allemagne.

La Prusse avait 200 propriétaires de 4,5 millions d'hectares et parmi eux, 20 propriétaires avec 588.000 hectares. Là le régime de la grande propriété de plus de 1.000 hectares dispose de 15 p. c. de tout le sol.

En *Néerlande*, 65.189 cultivateurs possèdent moins de 10 hectares et 3.318 plus de 40 hectares ; 581.550 propriétaires, dont les biens sont soumis à l'impôt, ont en moyenne 5 1/2 hectare par tête.

En *Belgique*, les 2/3 du sol sont cultivés par des fermiers. En 1864, un tiers du sol appartenait aux églises et aux couvents (1). En 1877, on estimait la richesse immobilière à 5.500 millions.

En *Italie*, les 3/5 des terres cultivées appartiennent à 15 p. c. des propriétaires, et le reste, les 2/5, à 85 p. c.

La grande propriété possède, en *Hongrie*, les 2/3 du sol ; en Bohême, le 1/6 ; le prince von Schwarzenberg possède à lui seul 178.000 hectares, soit 1/30 de toute la Bohême.

Le Czar de *Russie* possède 254 millions d'hect. en terres cultivées et forêts.

D'autre part, il ne faut pas oublier de prendre en

(1) En Néerlande, la propriété de la « main morte » possède 500 millions de florins et en France également 500 millions (Paul Bert).

considération les hypothèques dont est grevée la pro-priété.

Dans les *Pays-Bas*, les hypothèques s'élevaient, en 1867, à 463 millions de florins, et en 1890 à 1.074 millions, soit 1/5 de toute la valeur des biens immobiliers.

En *Italie*, la dette hypothécaire s'était élevée, en 1890, à 4.000 de florins ; en *Autriche* (1884), à 3.800 millions ; en *Suisse*, à 240, soit 48 p. c. de la valeur des terres ; en *France* (1879), à 14.000 ou 15.000, soit 1/8 ou 1/9 de la valeur des terres ; en *Prusse* (1889), de 80 à 90 p. c. de cette valeur, car elle s'était élevée à 150 p. c.!

On peut dire que le 1/3 de toute la production est distribué, sous forme de rente, aux non-producteurs.

Dans diverses régions de notre pays, par exemple, les paysans payent 4 à 4 1/2 p. c. d'hypothèque, alors que leurs bénéfices nets ne dépassent pas 2 1/2 à 3 p. c. (*Social Weekblad*, 7 janvier 1888).

La propriété se concentre donc de plus en plus en quelques mains (1). Henry George a calculé que 50 p. c. de la petite propriété se trouvent au pouvoir des possesseurs d'hypothèques.

Bientôt donc, les richesses immobilières, la terre et sa surface, maisons, édifices, seront la propriété de quelques-uns. Il en est déjà ainsi, en grande partie, pour les richesses mobilières. Celles-ci montèrent, en France, de 150 millions de florins (1789), à 40.900 mil-

______

(1) Les ventes par autorité de justice ont été : en France (1894), 9.027 par an ; en Néerlande, 8 à 900 environ ; Autriche (1884), 8.399 ; Hongrie (1891), 19.204, etc.

lions en 1889 (Neymarck). Elles se sont accrues partout, mais les ouvriers ne s'en aperçoivent guère (1).

La richesse nationale, qui est possédée en grande partie par les classes riches, ainsi que la rente nationale, sont devenues énormes.

En 1890, on calculait la *richesse nationale* de la Grande-Bretagne et de l'Irlande de 135.000 millions de florins (2). Celle de la France était de 125.000 millions, de l'Allemagne 75.000, Autriche-Hongrie 42.000, Italie 29.000, Belgique 16.000 et Hollande 11.000 millions de florins. En 1890, les rentes des sociétés anonymes anglaises s'élevaient à 1.680 millions ; celles des propriétaires d'actions à 516 millions ; celles des propriétaires terriens à 2 424 millions ; pour les traitements à 408 millions et pour les personnes qui exerçaient une profession à 1.704 millions. Soit un total de 6.732 millions de florins. Les ouvriers qui forment les 2/3 de la population ne jouissaient que de 5.400 millions.

Le revenu de la Prusse, en 1881, était de 4.937 millions.

Le professeur Van Geer (*Vragen des Tyds*), estimait,

____

(1) Les biens immobiliers, c'est-à-dire les bois, les champs, les maisons, les fabriques, les cours d'eau et canaux, les rues, etc., forment les 3/4 de la richesse nationale. Le reste, le 1/4, constitue la richesse mobilière. Celle-ci se compose pour un tiers (1/10e à 1/12e du tout) en argent et en bijoux (Schäffle, *Bau und Leben des Soz. Korpers*, II, page 518).

(2) De cette richesse totale, 13 à 14 millions de travailleurs ne possèdent que 1/50, soit 130 f. par tête (Tract n° 7 de la société fabienne). En 1874, la richesse nationale était de 26.400 millions de florins ; en 1865, de 73.200 ; à la fin du xviie siècle, elle atteignait à peine 7.200 millions.

en 1886, le revenu de la terre aux Pays-Bas à 350 millions, celui de la propriété bâtie à 250 millions et celui
des biens mobiliers à 200 millions, soit un total de 800
millions de florins. G. M. Boissevain calculait, en mul-
tipliant le total des héritages annuels par 30, que la richesse nationale de la Néerlande s'élevait à 8.851 millions. Ainsi que de Foville l'a démontré, c'est par 36
qu'il faut multiplier. On obtient ainsi un produit de
10.000 millions, chiffre qui est encore au-dessous de la
vérité.

De Foville a calculé que le revenu annuel de la France,
après les crises de ces dernières années (guerre de 1870)
était de 10.000 à 12.000 millions de florins. D'après Leroy-Beaulieu, 7 à 800 personnes ont un revenu annuel
de plus de 125.000 florins, 18 de 20.000 et 25 de 125.000.
Il a calculé que pour Paris 0,3 o/o des revenus s'élevaient à 66.000 et 68,4 o/o à moins de 1.200 florins.

Mulhall estime la fortune de l'Europe de 488.000 à
500.000 millions avec un revenu de 67.000 millions de
florins.

*La répartition de ces richesses entre les différentes
classes de la société fait éclater des inégalités criantes :*
En Angleterre et en Ecosse, un million de familles
jouissaient (1880) d'un revenu supérieur à 1.800 florins,
et 1,8 million avaient un revenu inférieur à cette somme
et étaient exempts de tout impôt comme les 5,4 millions d'ouvriers. Ainsi donc 87 o/o des familles ne possédaient que 51 o/o de tout le revenu, tandis que les
plus riches (14 o/o environ) jouissaient de 28 o/o. En 1885,
401 mille personnes avaient plus de 1.875 florins de re-

venus et 13.300 mille personnes avaient moins que cette somme (*Revue des Deux-Mondes*, septembre 1886).

Dans le Royaume-Uni, 1/100 des habitants possédait 1/4 du revenu ; 1/8 possédait 27 0/0 et les ouvriers comprenant 69 0/0 de la population n'avaient de ce revenu que le 1/20 (année 1878).

A cette époque, les classes riches (1/30 de la population) avaient environ par famille 308.400 florins de revenu ; la classe moyenne (27,3 0/0), 12.000 florins et la classe ouvrière (69,3 0/0), 1.032 florins (J. Sketchley, *Recht voor Allen*, 15 janvier 1887). 20.000 familles possèdent la moitié de la richesse nationale, alors que le revenu annuel s'élève en tout de 14 à 15.000 millions de florins.

La fortune totale de la France était estimée à 108.000 millions en 1886. D'après Alfred Naquet, de 6.000 millions de florins produits par l'industrie en 1862, 2 millions d'ouvriers recevaient chacun 450 f. et 15.000 capitalistes chacun 9.200 f.

Ad. Coste a calculé que 10.350.000 ouvriers et employés reçoivent chacun par an 387 f. et 3.746.000 propriétaires, industriels et fonctionnaires environ 1.401 f.

Paris, qui possède les 2/7 des revenus de la France et dont chaque habitant est, par conséquent, 6 fois plus riche que celui du reste du pays, donnait à 2 0/0 de sa population 19 0/0 de son revenu et à 60 0/0 des habitants moins fortunés 21 0/0. 68,4 0/0 reçurent moins de 1.200 f., alors que 3 0/0 eurent plus de 133.000 f. par an (Leroy-Beaulieu).

De 1865 à 1890, chaque 100.000 f. que les 6 plus grandes compagnies de chemin de fer avaient dans leurs affaires, avait rapporté en dividendes et augmentation de valeur des actions, une valeur de f. 3.205.000.

En *Allemagne* 1.800 habitants avaient plus de 62.000 f. de revenu par an et 34 plus de 225.000 f. En Prusse le 1/40 de la population ne possédait guère plus de 600 f. de revenu et 97, 5 o/o des habitants un revenu encore inférieur. En Saxe, 92 o/o des habitants vivaient de moins de 960 f. ; 73 o/o de moins de 480 f. et 33 o/o de moins de 180. Par contre 5, 2 o/o des habitants pouvaient dépenser plus de 5.750 f.

A Berne, 97,5 o/o de la population avaient à peine 42,4 o/o du revenu total pendant que 2,5 o/o en possédaient 57,6 o/o.

Dans les *Pays-Bas*, il y avait en 1890 parmi les successions 37,2 o/o qui étaient inférieures à 1500 f. et 66,2 o/o (les 2/3), inférieures à 5.000 f. Par contre 2,4 o/o ou le 1/40 dépassait 100.000 fl. ! D'après l'estimation du ministre Pierson, en 1891, les fortunes de 10 catégories de citoyens, inférieures à 15.000 fl. et qu'il voulait exonérer de l'impôt sur le revenu, étaient au nombre de 710.000 et comportaient une somme totale de 1.575 millions ou environ 2.200 f. par tête. Les 10 autres classes, dont la fortune était supérieure à 15.000 fl., se composaient de 95.000 personnes avec une fortune de plus de 7.325 millions ou 77.000 f. environ par tête. 16.135 personnes avaient ensemble 4.363,5 millions ou 270.000 f. environ par tête. Le *Radikaal Weekblad* du 11 août 1889 disait que 68,5 o/o de la population des

Pays-Bas avaient un revenu inférieur à 400 f. par famille, 91,5 o/o, un revenu inférieur à 1.000 f. et seulement 1 o/o un revenu inférieur à 2.800 f. Les « coupeurs de coupons et ceux qui touchent des dividendes reçoivent annuellement 1.000 millions de florins (Stoffel). En Angleterre, ils touchent 2.400 millions.

A Amsterdam, d'après les feuilles des contributions de 1884-1885, 23 o/o seulement des contribuables avaient un revenu moyen de 7.000 f. et payaient 68 o/o des impôts tandis que 77 o/o payaient 32 o/o parce qu'ils devaient se contenter d'un revenu de 960 f.

Dans plusieurs communes de la Frise, 88 à 94 o/o des habitants avaient un revenu annuel à 1.000 f. et 68 o/o un revenu inférieur à 400 f. (Mansholt, *Radikaal Weekblad*, 19 mai 1889).

Parmi les 2.000 familles que compte la commune Bilt, 606 seulement ont plus de 400 f. de revenu et 242 plus de 800 f. (*Amsterdammer*, 9 nov. 1890).

La part que les producteurs de ces richesses, les ouvriers eux-mêmes, reçoivent, est très minime (1) :

En Angleterre, la part de la classe ouvrière dans le revenu total de 9.600 millions, est de 3.600 millions de telle sorte que 6.000 millions s'en vont en rentes sur la terre et en intérêts du capital. Quand la production est représentée par 100, la part du travail est de 56, celle du capital 21, et celle de la terre 33.

---

(1) D'après Rodbertus, la classe ouvrière, à mesure que la production augmente reçoit une part de plus en plus petite du produit. La productivité plus grande diminue la puissance d'achat de la masse et l'on voit des magasins bondés de marchandises et le peuple manquant de tout.

Dans le Royaume-Uni, les producteurs reçoivent du revenu total 5.400 millions, les capitalistes 9.600 millions dont 2.400 millions pour les propriétaires fonciers, 4.800 millions pour les industriels et 1.400 millions pour les porteurs d'obligations nationales. Dans la Grande-Bretagne le revenu des producteurs était en 1886 de 39.9 o/o ; en 1879 il n'était plus que de 27 o/o alors que la production avait augmenté de 50 o/o et que cependant les salaires restaient à peu près les mêmes.

Il y a 1 million de travailleurs agricoles qui reçoivent 25 o/o de la production pendant que 75 o/o s'en vont entre les mains des non-producteurs, les landlords.

En France 10 millions 350 mille ouvriers recoivent 4.160 millions de florins, mais 3.746.000 riches ont ensemble 5.250 millions dont 1.009.414 fabricants et marchands touchent 2.000 millions. La répartition entre le travail, le capital et la terre se fait dans la proportion de 47 o/o, 36 o/o et 17 o/o.

Il ne nous est pas actuellement possible de calculer les salaires des diverses professions dans les différents pays, mais nous allons donner une idée des salaires moyens annuels dans la grande industrie.

Les voici en florins : Grande Bretagne, 675 ; France 540 ; Allemagne, 372 ; Suisse, 465 ; Belgique, 457 ; Autriche 300.

Dans les Pays-Bas, le salaire hebdomadaire moyen est de 10 fl. à la campagne et de 14 fl. dans les villes, en comptant très largement. Dans la Frise « ou un cheval vaut quatre fois un homme » (supplément de l'Institut de Statistique, 1891, n° 3) le salaire de l'ouvrier agricole ne dépasse pas 100 à 200 florins par an (enquête du comité du parti populaire).

Et dans tous les pays — criante iniquité ! — *le salaire de la femme* atteint à peine la moitié de celui de l'homme.

D'après Boccardo, les bénéfices du capital sont en Angleterre de 21 o/o, en France de 36 o/o, en Italie de 58 o/o, dans l'Amérique du Nord de 25 o/o, dans l'ensemble plus d'un tiers de la production.

Nous avons devant nous un état des revenus des différents pays d'Europe. Le revenu total pour un an est estimé à 67.000 millions de florins.

Et cependant que de *misère !*

Dans la Grande Bretagne et l'Irlande, en 1878, 1.889.000 ouvriers agricoles reçoivent 732 millions ou 385 fl. par tête et 6.526.000 ouvriers de fabriques 3.920 millions ou 600 fl. chacun. Comme la nourriture du travailleur absorbe de la moitié aux deux tiers de son revenu (dans la classe moyenne 2/5 et chez les riches 1/5) l'ouvrier industriel de la Grande-Bretagne pouvait disposer annuellement pour sa nourriture de 400 fl. ; l'ouvrier français de 260 fl. En Belgique et dans les Pays-Bas, cette somme ne dépassera certainement pas 250 fl. pour la campagne et 300 fl. pour les villes (1). Quoi d'étonnant après cela que souvent la

____

(1) Voir les 26 budgets d'ouvriers bien payés qui se trouvent dans le *Bulletin de l'Institut International de statistique*, de 1891, n° 3.

Dans la colonie de Hoogstraeten en Belgique, l'entretien jour-

terrible faim frappe les pauvres (1), et que, d'après
Brochard, en France seul 100.000 nouveau-nés meurent
par manque de soin et par l'insuffisance de nourriture
de la mère ! *Et cependant le nombre des pauvres et
des indigents a encore augmenté !*

En 1892, il y avait dans le Royaume-Uni 1.953.000
personnes secourues par la bienfaisance publique ; à
Londres ces indigents forment le 1/11 de la population
et le 1/9 des ouvriers. D'après Charles Booth, 1/4 des
habitants sont dans le dénuement et 1/5 meurent
dans les institutions de bienfaisance.

En France, le nombre des indigents secourus par la
bienfaisance officielle était en 1871 de 1.608.000. A Paris seul, il y en avait environ 123.000.

L'Allemagne en comptait, en 1885, 1.592.000 ; l'Italie, en 1881, 1.365.000 ; l'Autriche-Hongrie, en 1880,
1.220.000 ; les Pays-Bas, en 1888, 840.000 ; l'Espagne,
la Scandinavie, la Suisse, 1.040.000 ; la Belgique,
750.000. En estimant à 2 millions le nombre des indigents de la Russie, de la Turquie et de la Grèce, on en
arrive pour l'Europe entière à un total d'environ *11
millions !*

A Bruxelles, parmi les 19.284 familles d'ouvriers qui
logeaient dans 4.601 maisons, il y en avait 10.462, soit
54 o/o qui étaient secourues par la bienfaisance pu-

nalier d'une famille composée du père, de la mère et des 2 enfants est évalué à 1 f. 60 à 2 f. soit 6 à 700 f. par an (*Vooruit,*
29 décembre 1887).

(1) Nous avons démontré d'ailleurs que la nourriture des ouvriers de Gand est insuffisante à l'entretien de la vie (*Capitalisme
et Socialisme,* page 43).

blique (L. Bertrand, *Revue socialiste*, février 1892).

Pendant que partout la classe moyenne disparaît, succombant dans la lutte pour l'existence, nous voyons dans les classes riches s'amasser des *fortunes* auprès desquelles celles des anciens Grecs et des Romains de la Décadence semblent très modestes :

Pour ce qui concerne les souverains d'Europe, nous nous contenterons de rappeler que ceux de la Russie, de la Turquie, de l'Autriche, de l'Allemagne et de l'Italie touchent ensemble 59 millions par an ; que la reine d'Angleterre reçoit annuellement 5.500.000 f. dont 2.778 mille f. sont consacrés à son train de maison ; que la dynastie de Hanovre a coûté au peuple anglais, depuis 1713-1883, 2.100 millions de f. et qu'enfin, d'après le *Daily News*, les revenus du Pape s'élevaient en 1888 à 5.600.000 f. Les revenus du gaz à 50 ou 60 millions de florins.

Dans le Royaume-Uni, 4 lords ont 28,6 millions et les 525 membres de la Chambre Haute ont ensemble un revenu de 150,4 millions de florins. Le revenu total du duc de Westminster s'élève à 10 millions de florins provenant de ses terres, habitations, etc. ; le duc de Norfolk et celui de Bute touchent chacun 3 millions de f. de leurs seuls fermages.

Quand on calcule les revenus des douze millionaires les plus riches du globe, on en arrive à un total de 148 millions par an (1) ; neuf d'eux touchent 125 millions de florins.

(1) Les noms ont été publiés par le *Recht voor Allen* du 20 septembre 1889.

La famille Rothschild seule jouit d'un revenu annuel de 196 millions de f. (*Sociaal Weekblad*, 1er janv. 1890) et Krupp de 3 millions.

Mais nous devons nous arrêter. Ces statistiques rempliraient un volume. Nous voulions simplement citer quelques exemples pour montrer combien les richesses de quelques individus sont devenues énormes.

Mettez en opposition avec ces fortunes le sort de *millions de travailleurs* (1) européens qui vivent d'un maigre salaire, qui souffrent de nombreuses privations, qui s'étiolent dans des habitations malsaines et s'affaiblissent par un travail trop long et trop pénible, et le contraste entre riches et pauvres, entre le gaspillage des uns et la misère des autres, apparaît violemment.

Nous ne rappellerons plus que quelques exemples de *luxe et de gaspillages* qui laissent loin derrière eux les scandales des temps anciens.

L'impératrice Eugénie dépensa 12 millions de florins pour un monument à élever, à Farnborough, au criminel Napoléon III. Le prince Esterhazy (2) fit construire un théâtre pour une seule représentation, il fit aménager un étang sur le toit de son palais, tua un cheval d'une valeur de 250.000 f. et donna des bains de champagne à ses chiens. La reine d'Angleterre possède pour 2.400.000 florins de porcelaines. La décoration d'une salle de bal de l'aristocratie anglaise coûte, rien qu'en fleurs, de 19

---

(1) Sur 1000 habitants, il y en a en Angleterre 778 qui vivent de l'agriculture, de l'industrie et du commerce ; en France, il y en a 758 ; en Allemagne, 812 ; en Autriche, 795, dont les 3 à 4 cinquièmes sont des salariés.

(2) Il possède en Hongrie de grandes fermes et des vignobles.

à 20.000 f. Lors de son mariage, qui eut lieu au mois de mars 1888, Lord Roseberry fit venir du continent 12.000 roses blanches. Il n'est pas rare de voir des chevaux de course de 100.000 à 182.000 f. (Charmant) même de 250.000 (Stuart). Dans les maisons de jeux de Monaco, la Banque gagne chaque année de 12 à 13 millions de florins.

Si de pareilles abominations se passent en Europe, que dire des *Etats-Unis* où le triomphe du capitalisme est encore plus criant et où la bourgeoisie se livre à de véritables orgies.

La propriété de la terre qui, il y a quelques années, était encore accessible à tous, tombe de plus en plus dans les mains de quelques-uns. Vingt-neuf sociétés étrangères — des sociétés anglaises principalement — ont acheté 8.300.000 hectares, et Murphy seul possède 1.600.000 hectares, ce qui équivaut à la moitié des Pays-Bas.

La dette hypothécaire s'élevait en 1887 pour le Kansas à 50 o/o, pour le Michigan à 41 o/o, pour l'Illinois à 33 o/o et pour les douze Etats de l'Ouest à 19 o/o de la valeur totale, c'est-à-dire de 13.500 millions de florins. En 1886, la dette hypothécaire des Etats-Unis était estimée à 7.000 millions de florins et cette dette exige une rente annuelle de 420 millions de f. à prélever sur le produit du travail. De 1855 à 1888, dans le seul Etat de New-Jersey, 36.000 ventes forcées eurent lieu pour une somme de 75 millions. Dans cet Etat, 80 o/o des fermes sont grevées (sans compter la 2ᵉ hypothèque) de 30 millions, soit 26 o/o de leur valeur totale. Actuellement la dette hypothécaire des Etats-Unis s'élève à environ 22.000 millions de florins.

La *fortune nationale* des Etats-Unis est estimée par Shearman à 165.000 millions ; d'autres écrivains disent 180.000 millions. Le revenu annuel est de 17.700 millions de fl. ; en 1810, la fortune moyenne par tête était de 517 f. ; en 1880, elle est de 2.105 f. et cependant les salaires sont restés insuffisants. La valeur de la terre — 20.290 millions — et celle des habitations — 23.120 millions — s'élevait en 1885 à 43.410 millions de f.

La *répartition de la propriété* révèle de grandes inégalités. Les riches s'accaparèrent d'une grande partie du sol grâce à la vénalité des hommes du gouvernement. 45.000 riches possèdent la moitié de la richesse nationale de 150.000 millions fl., et 1/70 des habitants les 2/3 de la richesse totale. Trois sociétés de chemins de fer reçurent, presque gratuitement, 43 millions d'hectares. Le Congrès fit don à des compagnies privées de 70 millions d'hectares pour la construction des chemins de fer, c'est-à-dire plus que la moitié de la superficie réunie de la France et de l'Angleterre. Les 24.600 individus les plus riches disposent d'une fortune de 60.000 millions. D'après Thom. Shearmann, en 1891, les 3/4 de la richesse nationale se trouvent entre les mains de 250.000 familles, c'est-à-dire de la 72ᵉ partie de la population. Les 9/10 des impôts sont payés par les pauvres, 1/10 seulement par les riches (*Review of Reviews,* févr. 1891). 182 000 familles possèdent 108.000 millions, 60.000 f. par tête ; 1.200.000 familles de la classe moyenne ont 18.750 millions ou 15.600 f. par tête et 11.720.000 familles pauvres n'ont que 28.100 millions, soit 2.400 f. chacun.

On peut exprimer de la façon suivante le rapport entre le salaire des ouvriers et les gains des capitalistes : Pour 100 fr. de salaire — réparti entre un très grand nombre — le bénéfice des capitalistes — réparti entre quelques-uns — s'élève également à 100 fr. En 1886, le revenu de 1.225 mille personnes aisées était de 4.880 millions ou 38.000 f. par tête et celui de 12.500 mille personnes de condition modeste de 3.000 millions ou 240 f. chacune.

De 1850-1880, la production augmente dans la progression de 85 o/o, les salaires dans celle de 28 o/o. Laurence Gronlund a calculé qu'en 1870 le travail des manufactures recevait 47 o/o et le capital 53 o/o. Le salaire moyen va de 650 à 1.250 f. par an ; il est rarement plus élevé. De ce salaire 50 à 60 o/o sont consacrés à la nourriture, qui est supérieure à celle des travailleurs européens. L'ouvrier américain mange moins de pain et plus de viande : 44 o/o des ouvriers sont employés à l'agriculture ; 22 o/o dans les fabriques et dans les mines et 10,5 o/o dans les industries du transport. Le nombre des ouvriers — y compris les petits fermiers — peut être évalué à 16.200.000 (la population totale est de 50 millions) et leur revenu à 17.500 millions, soit 1.080 f. par tête (1886).

Quelques *fortunes sont fabuleus s* et ramassées en quelques années :

En millions de florins on compte le *revenu* de Jay

Gould à 35, de J. W. Mackay à 31, de Van der Bilt à 15,
de J. P. Jones à 12 et leur *fortune* à 688, 625, 500 et
312 millions.

Le fils cadet d'Astor devenait, en naissant, héritier de
375 millions lui rapportant, à 5 o/o et 300 jours de travail (?), un salaire de 59.000 f. par jour.

Quatre capitalistes (Van der Bilt, Gould, Mackay, Huntington) possèdent 49.867 kilom. de chemins de fer,
leur rapportant plus que le revenu entier des lignes
prussiennes.

Huntington dispose en outre de 11.714 kilom. de lignes
de bateau à vapeur. Rockefeller, l'homme du trust du
pétrole, possède 312 millions, jouit d'un revenu de
15 millions, soit 1.725 f. par heure, et a gagné cela en
25 années. Soixante-dix personnes possèdent ensemble
7.500 millions et mille autres riches une somme de 7.500
millions. La moitié de la fortune nationale est dans les
mains de 25.000 richards.

Il y a dans les Etats-Unis 30.000 millionnaires, dont
10.000 à New-York seul (*Question Sociale*). Les six
femmes les plus riches ont 34 millions de florins
comme revenu.

Ils sont surtout devenus tout puissants par les *trusts*,
syndicats de capitalistes qui ont pour but de limiter la
production. La *Standard-Oil company* régit toute la
production du pétrole et retire 500 o/o de dividende de
son capital primitif. La *Reading-Railroad-Combina-
tion* possède toutes les mines de houille des Etats-Unis.
Un syndicat de Detroit-City possède les 4/5 de toutes
les entreprises de coupes de bois, les « lumbers », du

lumberland Michigan. D'autres syndicats disposent de toutes les mines de sel du continent américain ou déterminent le prix du sucre, de l'acier, du cuivre (1).

Hutchison avait acheté en 1888, à Chicago, tout le froment disponible. En une semaine le prix s'éleva de f. 2.60 à f. 5.00 par *bushel*, boisseau (mesure de 36 1/2 litres). Cet homme qui fit renaître les trop célèbres pactes de famine d'avant la révolution française, gagna cinq millions de florins en un mois. Le trust du *jute-lin* fit monter le prix de 70 o/o et amena la chute de toutes les firmes similaires. Tout le réseau télégraphique qui dessert un pays de 60 millions est entre les mains d'un seul homme. Et le fluide électrique peut parcourir de l'est à l'ouest 4.500 milles sans se servir d'un autre fil que ceux de la « Western Union », qui appartient à Jay Gould.

La « American-Meat-Company » a un capital de 62,5 millions ; elle possède 1,6 million d'hectares et 425.000 têtes de bétail. C'est elle qui décide du prix que payeront 50 millions de personnes pour leur viande ! « En janvier, quand les cours d'eau sont pris par la glace, pas un boisseau de froment ne saurait partir de Chicago sans le consentement d'un nouveau genre de conquérants : les rois du chemin de fer » (Lawrence).

(1) Les sociétés *Calumet* et *Hecla* s'unirent en 1873. A partir de cette année et jusqu'en 1888, avec un capital de 6 1/4 millions, elles distribuèrent 59 millions de dividendes. En 1888, le bénéfice fut de 150 0/0. Les frais d'extraction du cuivre à la mine coûtent 10 cent. ; livré à New-York, ce cuivre coûte 15 cent. la livre. Cependant le trust fixa le prix à 11 cent., c'est-à-dire à un prix trois fois plus élevé !

Après les *trusts* (1) se forment les *rings* (2) puissantes organisations qui se livrent à une scandaleuse exploitation du peuple et de l'Etat. A la tête du ring, on trouve le « boss » (3) dont l'autorité ressemble complètement à celle de ces « tyrans » que l'histoire de la Grèce nous a appris à connaître.

Par la corruption et la violence il a acquis une puissance égale, si pas plus grande, à celle d'un monarque. Il a, comme les empereurs romains, des mercenaires — entre autres les bandes de Pinkertons — pour veiller à sa sécurité personnelle. Malgré le suffrage universel, il est le véritable souverain par la puissance de l'or. Ces rois américains disposent du bonheur ou du malheur de millions d'êtres, ont dans l'Etat une puissance qui mène à la démoralisation générale, et ils ont déshonoré les noms de République et de démocratie.

Et leurs richesses s'accroissent encore chaque jour, deviennent toujours plus formidables en même temps que grandissent leur puissance et leur luxe.

Leurs gaspillages ne connaissent plus de bornes :

Les barons du chemin de fer roulent dans des coupés de 40 à 150.000 fl. ou naviguent dans des yachts de 115.000 fl. ; H. Harguant acheta un piano de 120.000 fl. et A. Mitchell une fleur de 2.500 fl. ; à une vente d'orchidés on dépensa 1.500.000 fl. Van der Bilt possède 2.500.000 de tableaux ; il a distribué 125.000 fl.

(1) Trust : association de capitalistes pour la production.
(2) Ring : union des capitalistes dans un but spécial, ou pour une spéculation.
(3) Boss : En flamand *baas*, maître, propriétaire,

aux fiançailles de sa nièce ; sa femme était parée d'un collier de perles de 125.000 fl. Madame Stanford possède 2.500.000 fl. de diamants et porte des chemises de 500 fl. Les dentelles dont fut orné le berceau du petit-fils de Jay Gould coûtaient 37.000 fl. Son petit chien porte un collier en saphirs. M. Winans acheta en Ecosse le droit de chasse sur 92.000 hectares de terre et paye annuellement 300.000 fl. pour avoir le droit d'en faire un désert tandis que les Ecossais doivent abandonner leurs terres pour faire place aux cerfs. La chambre de bain de Garrett a coûté 2 millions 1/2 de florins. Mad. Bradley Martin donna à New-York une fête où se trouvaient des toilettes pour 50.000.000 florins ; elle seule en portait pour 7.600.000.

La prochaine révolution pourrait être terrible dans ce pays !

.·.

Les choses en sont arrivées à leur degré suprême d'acuité. Encore une crise qui précipitera quelques-uns des échelons élevés pour les plonger dans l'abîme et qui aura pour conséquence la faim et la misère pour des millions d'êtres, et le peuple reprendra son droit incontestable à l'existence. La sécheresse de cœur des dirigeants fait naître la haine et la vengeance tandis que l'injustice politique produit l'irritation. Ni le sceptre ni la croix ne sauront détourner la foule furieuse. La faim, qui transforme les hommes en bêtes, la guidera, la misère l'excitera et la horde immense des Barbares modernes finira par renverser cette civilisation brillante, mais intérieurement pourrie.....

La décadence morale de la bourgeoisie est le symptôme de sa chute prochaine. Son rôle est fini. L'humanité peut jouir des nouvelles conditions d'existence, grâce aux puissants moyens de production de notre siècle. Là où il est possible de produire suffisamment pour pourvoir à l'existence de tous, le travailleur se refusera plus longtemps à offrir les produits de son labeur en holocauste à une classe qui a fait si mauvais usage du pouvoir de l'Etat qu'elle avait conquis. Les 18.000 morts de 1848, les 25 à 30.000 fusillés de la Commune, les assassinés légaux de Chicago, les innombrables hommes, femmes, enfants qui furent tués, ceux qui furent pendus, qui furent étranglés, les martyrs populaires qui furent étouffés par le carcan, tous ceux-là furent les avant-gardes dans la lutte dont on constate partout les premiers symptômes. Les opprimés veulent mesurer leur puissance avec celle de leurs oppresseurs et mettre une fois de plus la force au service du droit. L'Etat bourgeois va disparaître, l'Etat populaire va venir.

L'État de classe, né après l'abolition de la propriété commune, disparaîtra avec l'instauration de la propriété collective par le socialisme, pas avant. Nous pouvons chasser des ministres, détrôner les rois, changer la forme du gouvernement, mais aussi longtemps qu'il y aura des classes possédantes et des classes déshéritées, les premières auront le pouvoir réel. L'insuffisante influence du suffrage universel, même dans les pays les plus démocratiques, le prouve à toute évidence.

9.

Cependant, bien que le despotisme d'une classe cessera nécessairement dès qu'il n'y aura plus de classes (1), une certaine organisation et une certaine autorité seront encore nécessaires. Mais avec le triomphe du socialisme l'État de classe, avec ses privilèges et ses injustices, sera remplacé par l'état populaire avec son égalité et sa fraternité réelles. En un mot, l'Etat deviendra ce qu'Aristote désirait qu'il devînt : « une réunion d'hommes — et de femmes ! — libres et égaux, de citoyens qui se commandent et qui s'obéissent. » Il sera l'organe de la population entière, une association de toutes les forces dans la lutte commune pour l'existence.

La propriété commune nous donnera la fierté des compagnons des anciennes « gentes » germaines. Elle accordera à l'individu — pour la première fois — des droits qu'il sera réellement capable de conserver. L'omnipotence du despotisme asiatique, de l'oligarchie des anciens, des monarques et des papes du moyen âge, ne laissait aucune place pour la liberté individuelle.

Chaque classe, chaque despote n'avait en vue que ses propres intérêts et opprimait tous les déshérités. Il ne s'agissait pas d'une lutte commune vers un but commun, mais d'une chasse pour l'intérêt personnel au détriment de la liberté et du bonheur des autres classes et des autres individus. Si l'Etat se bornait à exercer le contrôle indispensable sur chacun des membres de la

____

(1) *Classe* : division de la population d'après le degré de fortune. Les rangs et les castes indiquent une division de la population, sévèrement délimitée, d'après la naissance.

société, il s'efforcerait d'aplanir les inégalités au lieu de mettre tout son art à les maintenir. C'est alors seulement que la liberté de chacun croîtrait sans cesse. Quand la propriété sera devenue collective, la condition indispensable à la liberté et à l'égalité sera remplie. Bien que l'égalité absolue ne sera pas encore atteinte, la différence de propriété ne sera plus assez grande pour octroyer à l'un des privilèges au détriment d'un autre. La pauvreté n'aura plus pour conséquence — comme de nos jours — des impôts plus lourds, la privation du droit de vote, le service obligatoire et d'iniques arrêts de justice. L'écart entre les fortunes étant devenu minime, la crainte de la faim n'obligera plus le pauvre à être un esclave et le riche, un tyran.

C'est alors seulement que l'Etat « sera le représentant des intérêts communs de tous les individus » (Ch. Letourneau).

Alors seulement l'Etat sera la réunion de tous les citoyens, qui délimitera également la liberté de chacun, mais qui, en dehors de ces limites nécessaires, laissera l'individu absolument libre. Les lois se feront par la coopération de tous; elles seront exécutées par nos mandataires; justice sera rendue aux intéressés. La délivrance des classes opprimées sera devenue un fait réel et tous les obstacles à la liberté seront aplanis. L'individu deviendra susceptible d'un développement plus grand, parce qu'on le débarrassera de plus en plus de ses liens. L'Etat sera l'éducateur de la liberté, et comme tous gouverneront, le gouvernement lui-même deviendra superflu.

Quand les individus de notre société actuelle se seront chauffés au soleil de l'égalité, l'autorité et la réglementation deviendront de moins en moins indispensables. Là où il n'y a plus d'intérêts contradictoires, la délimitation entre ces intérêts n'est plus nécessaire. De plus en plus, l'Etat deviendra une institution chargée uniquement de l'administration des choses. Le gouvernement des hommes deviendra de moins en moins nécessaire et l'autorité tombera d'elle-même quand personne n'aura plus ni le pouvoir, ni le désir de violer la liberté.

L'évolution ou plutôt la disparition du pouvoir de l'Etat est donc en corrélation intime avec le développement de l'humanité.

Dès l'instant où l'inégalité des richesses a cessé et où la liberté n'est plus le privilège de quelques-uns, mais le droit de tous, l'absence de lutte éveillera l'amour de l'humanité qui sommeille en nous. Une plus haute conception de la morale — celle qui trouve sa satisfaction, non dans la jouissance personnelle, mais dans le bien-être de tous — ennoblira l'humanité. Les derniers liens qui retiennent l'instinct bestial de l'homme, pourront tomber alors et le soleil de la liberté pourra pour toujours se lever sur une société d'égaux.

L'égalité est donc la condition essentielle de la liberté. Une plus juste répartition des richesses doit précéder toutes les autres réformes. La liberté ne saurait exister aussi longtemps que l'on enlève les fruits du travail à l'esclave pour l'antiquité, au serf sous le régime féodal et au salariat dans l'état bourgeois actuel. L'Etat de classe qui, jusqu'ici, s'est approprié les produits du travail, parce qu'il avait pour lui la force, doit d'abord être remplacé par l'Etat populaire qui, ayant pour but l'égalité sociale et le bonheur de tous, peut seul concevoir ce que commande la justice. Là où il y a des méchants — et ils ne disparaîtront pas subitement — l'intérêt général doit posséder le pouvoir nécessaire pour dominer l'intérêt particulier. Mais ce pouvoir doit être employé, bien plus pour prévenir les heurts et les crimes que pour punir. Créer, par une inique organisation sociale, la misère et par là même les crimes et puis réprimer ceux-ci avec férocité, c'est là la honte de notre civilisation.

Il ne saurait être question de vengeance. L'amélioration, tel doit être le but, et ici encore un état social meilleur formera des hommes meilleurs. Quand il n'y aura plus ni luxe ni misère, la plus grande incitation au crime aura disparu.

Bientôt on pourra supprimer de nos législations le Code pénal et comprendre toute la science politique dans la réglementation économique des choses. Il faudra naturellement veiller aux abus de pouvoir qui sont possibles aussi longtemps que l'exercice du pouvoir est nécessaire. Cela ne sera pas difficile dans un Etat où la conscience du droit et de la liberté remplira tous les hommes de fierté (1) et de dignité. Les membres de la

____

(1) Tous ceux qui ont visité la Suisse ont dû remarquer combien le citoyen le plus modeste a conscience de sa propre dignité, chose que l'on chercherait vainement chez les Hollandais et chez les Allemands.

Société future, jaloux de leurs droits et de leurs libertés, sauront surveiller soigneusement leurs représentants et leurs mandataires. Ils veilleront à ce qu'ils soient gouvernés par leurs autorités élues, comme eux, citoyens libres d'un Etat libre, le jugent bon et nécessaire, et cela par une série de mesures : la révocation immédiate, des peines sévères, des mesures préventives, des flétrissures déshonorantes pour les abus de pouvoir. Tout le gouvernement sera le serviteur docile du peuple, le souverain véritable. Choisi parmi les plus capables, il constituera simplement un bureau administratif chargé de l'exécution de la volonté populaire. Par une large application du referendum, au moyen de jugements rendus par des arbitres élus, etc. etc., le peuple participera directement au gouvernement et finalement l'opposition entre le peuple et l'Etat disparaîtra.

Une égalité plus grande réduira l'influence des individus pour augmenter celle de la masse. Les législateurs nommeront une commission chargée de rédiger les projets de loi qui ne seront plus que l'expression de la volonté de tous.

« De la volonté de tous », mais il faut s'entendre ; ici non plus l'absolu ne saurait être atteint. Il viendra peut-être le jour où le sentiment de la justice sera si général que la solution d'une question emportera l'assentiment de tous et que ce sera non la majorité — mais le droit et la raison qui décideront. Il est déplorable que la plus grande moitié des hommes doit imposer la loi à la plus petite moitié, mais cela sera nécessaire aussi longtemps qu'on n'aura pas trouvé une solution meilleure. Si nous ne voulons pas nous battre, il faut bien que nous votions et que ce soit la majorité qui décide aussi longtemps qu'il y aura contradiction entre les opinions. Ceci n'est pas absolument impossible. Dans les forêts de la Germanie, nos ancêtres prenaient leurs décisions à l'unanimité. Dans les grandes circonstances, alors qu'il s'agit du salut public le scrutin sera pendant longtemps encore la seule solution possible. Dans les autres cas, on pourrait se contenter de laisser décider les intéressés dans leurs groupes respectifs réunis en fédération, en laissant à chaque groupe son autonomie. Dans ces assemblées limitées, les questions pourront être examinées en connaissance de cause et comme l'intérêt personnel n'entrera pas en ligne de compte, il ne sera pas du tout impossible d'obtenir l'unanimité.

Quoi qu'il en soit, chaque parti doit pouvoir faire connaître ses griefs et il faudra la représentation proportionnelle, le referendum et un arbitrage impartial qui pourront rendre justice à tous. Surtout qu'on ne porte nulle entrave à l'influence de la femme ! Car alors seulement nous aurons une représentation exacte des conceptions, des vœux, de la volonté et des besoins de tous les groupes et de tous les individus, et nous nous efforcerons d'y donner satisfaction. La lutte pour l'existence ne nous fera plus vivre, ainsi qu'aujourd'hui, dans l'isolement et dans la guerre comme des requins, des tigres et des lions, mais l'association de tous dans la lutte pour le bien-être aura rendu notre société plus paternelle.

Le pouvoir de l'Etat ne doit pas être délimité d'avance pour chaque cas en particulier. Il diffère selon les temps, les pays et les peuples, et il dépend des circonstances. Dans les périodes de décadence ou de transition, l'Etat devra être plus fort et ses attributions plus nombreuses que pendant les périodes de développement normal. De même on ne pourrait prédire quels sont les remèdes dont un enfant aura besoin durant sa vie que si on connaissait les maux que ses organes malades auront à combattre.

Mais une indication de ces pouvoirs nous est fournie par ce principe que l'Etat doit s'abstenir de toute immixtion qui n'est pas reconnue indispensable, qu'il ne doit intervenir que lorsque l'intérêt général le commande. Dans tous les cas qui ne concernent que l'individu, toute intervention doit être condamnée. La famille, le groupe, la commune, la région doivent décider dans leur propre sein des questions qui les concernent. Ce n'est que là où l'injustice serait restaurée, où le faible doit être défendu, où la femme a besoin de secours contre l'homme, les enfants contre leurs parents, que la justice veut que la collectivité intervienne pour apaiser les conflits. Quand la force de l'individu n'est pas assez grande, quand le groupe est impuissant, l'aide d'un pouvoir supérieur est nécessaire. Et, lorsque le salut public l'exige, lorsque de grandes catastrophes, des ennemis extérieurs mettent en péril la collectivité toute entière, les intérêts particuliers doivent s'incliner devant le salut commun. Si jamais des millions de Mongols envahissaient nos contrées, et par de nouveaux pillages rétablissaient l'inégalité et l'esclavage, les droits individuels ne compteraient plus, et chacun de nous devrait être prêt à sacrifier ses biens et sa vie pour défendre le bien-être et la liberté de tous. Malheur à l'Europe, si, en ce moment de danger, le socialisme n'était pas assez répandu, si elle ne pouvait opposer qu'une armée de mécontents et d'opprimés aux légions de l'Asie, si elle ne possédait pas alors un peuple d'égaux qui lutteraient pour leur propre foyer et leur propre bien-être !

Si certains hommes repoussent l'intervention de l'Etat, c'est surtout pour réagir contre l'Etat de classe d'aujourd'hui. Ils ne veulent pas reconnaître la nécessité d'une autorité collective parce que les gouvernements bourgeois ont tant abusé de leur pouvoir. Mais précisément, cette expérience fera naître cette tendance d'accorder à l'Etat plutôt trop peu que trop d'attributions. Le cercle d'action de l'Etat se modifie incessamment parce qu'il dépend en grande partie de la moralité et du caractère des individus, mais pendant longtemps encore il sera indispensable, indispensable pour le développement et la conservation du corps social, indispensable aussi pour le progrès matériel et moral de l'individu.

Il faut naturellement prendre tout ce qui est nécessaire pour favoriser la formation de l'agrégat et le libre développement de l'individu.

L'initiative et les efforts individuels doivent être développés et non étouffés ; mais les limites normales de la liberté individuelle sont clairement indiquées par la défense pour chacun de nous de porter atteinte à la liberté et aux droits de la collectivité en général et des autres individus en particulier.

Avec la ferme volonté de n'avoir d'autre but que le bien, il ne saurait y avoir de divergence sur ce point, d'autant plus que l'on se convaincra davantage que l'Etat n'est plus un pouvoir ennemi en dehors de la collectivité mais la forme du progrès, du bonheur et du libre développement de tous.

Développer l'indépendance de l'individu, ce n'est pas affaiblir l'Etat qui ne doit point voir dans ses membres des ennemis, puisque l'intérêt de tous est conforme à son intérêt. De même toute intervention de l'Etat ne peut être considérée comme oppressive, quand elle a pour but de faciliter la lutte pour l'existence et de préserver du malheur. Quand on fait défense aux gens de traverser un pont vermoulu, de s'exposer à l'épidémie, il ne saurait être question d'oppression de la volonté individuelle. L'individu ne veut pas souffrir, ne veut pas mourir et quand une force prévoyante le préserve de maux quelconques, il ne peut pas dire qu'on porte atteinte à sa liberté et à ses droits, mais que l'on prend à cœur ses intérêts réels. La majorité peut faillir ; il peut arriver que contre des milliers de suffrages, une seule voix représente le droit et l'humanité. Mais alors reste toujours le droit d'opposition, si peu exercé malheureusement. Quand il n'y a pas de doute au sujet de l'immoralité et de l'injustice d'une loi, personne n'est obligé à l'obéissance. On peut, dans ce cas, en appeler de la loi écrite à la souveraineté de la morale, de la souveraineté du nombre aux droits imprescriptibles de l'humanité. Dans ce cas la révolte est un devoir.

Mais ces lois antisociales ne sont guère à craindre dans une société où la loi n'est pas un moyen de vol et d'oppression et où l'intérêt personnel se trouve très réduit à cause de la propriété collective. Comme il n'y aura pas de jurisconsultes pour corrompre la saine intelligence et le bon cœur du peuple, il ne sera pas difficile de décider si chaque mesure proposée est juste ou injuste. L'opposition des hommes libres contre ce qu'ils considèrent comme l'injustice sera puissante. Mais leur sentiment du droit sera plus puissant encore et il leur permettra de reconnaître leur erreur après explication ou bien la décision sera soumise à l'appréciation d'arbitres impartiaux.

Dans le libre État populaire, on n'a à craindre ni l'absorption de l'individu par l'État, ni des privilèges pour l'individu aux frais de la communauté.

Un principe fixe déterminera la règle dans la plupart des cas. Bien que nous ne pourrons pas immédiatement atteindre notre idéal, que bien des choses devront être graduellement améliorées et que bien des injustices devront d'abord être réparées, les principes se purifieront de plus en plus et finiront par triompher.

Aussi longtemps qu'il y aura des caractères mauvais, des penchants égoïstes, des personnes intraitables, aussi longtemps qu'on ne pourra pas pourvoir à tous les besoins par peu de travail, que nous préférerons jouir nous-mêmes des plaisirs et laisser supporter les charges par d'autres, une réglementation, une puissance qui veut le bien et qui lutte contre le mal, est nécessaire. Un pouvoir protecteur qui veillera sur nos institutions sociales si chèrement acquises, sera indispensable jusqu'au jour où tous les peuples, toutes les nations seront unis en fédération mondiale pour mener pacifiquement la lutte contre la nature. L'Etat, bien compris, est un puissant facteur pour le bien et ce n'est que par un bon gouvernement que le but de la collectivité peut être atteint et que le plus de bonheur possible pourra être accordé au plus grand nombre possible d'hommes.

Bien que la force obligatoire de l'Etat devienne superflue dans une organisation sociale meilleure, ce serait cependant de la folie que de l'abolir dès à présent. Nous savons bien que l'Etat ne durera pas éternellement, qu'il s'éteindra peu à peu, mais en attendant nous devons nous servir de lui, aussi longtemps que nous en aurons besoin pour conduire l'humanité vers une organisation sociale de complète liberté et de pleine égalité. Nous répétons qu'un pouvoir est encore nécessaire pour veiller aux intérêts de tous, pour représenter le présent et l'avenir, pour sauvegarder les droits des générations présentes et des générations futures. Ce pouvoir tendra à limiter de plus en plus l'égoïsme ; il nous rendra de plus en plus capables d'atteindre un plus haut degré de moralité et un état de liberté illimitée.

Pour arriver à ce but, l'égalité des conditions de la vie constitue une première étape. Le despotisme est inévitable là où un seul homme est seul propriétaire. Là où quelques privilégiés disposent des moyens de subsistance, un gouvernement de classe est la conséquence logique de cet état de choses. Un Etat libre ne sera possible que lorsque tous auront un droit égal sur les richesses sociales. Nous avons vu dans l'esquisse que nous avons faite de « l'histoire de la liberté » que celle-ci est en proportion directe du degré d'égalité qui a été atteint, et que l'égalité elle-même dépend des situations économiques qui règlent le mode de production et de distribution des richesses. La manière dont les hommes ont cultivé les fruits de la terre et confectionné les objets, la façon dont ils ont pourvu à leurs besoins, se trouve en rapport étroit avec les différentes formes qu'a revêtues la propriété au cours de l'histoire. L'inégalité des richesses a toujours eu pour conséquence le manque de liberté. C'est la propriété collective des moyens de production qui donnera à l'humanité la plus grande somme possible de liberté.

Pour que donc notre génération atteigne l'idéal de l'Etat libre, il lui faut encore franchir une étape... Déjà la propriété se concentre entre les mains de quelques individus qui deviennent de plus en plus puissants, qui disposent de la vie et du bien-être des masses travaillant et souffrant pour eux. Cette terrible puissance doit être abattue. Il faut que la collectivité reprenne possession de tous les trésors de la terre pour faire cesser l'antagonisme entre le capital et le travail. Aussi longtemps que la terre, notre mère commune, reste au pouvoir de quelques hommes, nous restons les uns pour les autres des étrangers qui poursuivent avec rage et cruauté chacun son but individuel, chacun son bien-être égoïste. Une société fraternelle ne sera possible que lorsque tous auront leur part de l'héritage social.

C'est alors que la lutte pour l'existence prendra fin, c'est alors seulement que la condition requise pour faire régner l'égalité sera remplie et que l'on ne verra plus que des peuples vivant en liberté dans des pays libres.

LIVRE IV

L'ANARCHISME

> « Le devoir sans le droit,
> c'est l'esclavage ; le droit
> sans le devoir, c'est l'anar-
> chie ».
>
> LAMENNAIS.

> « Si vous ne voulez pas le
> règne des lois, vous tomberez
> sous le règne de la force ».
>
> BACON.

L'idée de liberté et d'égalité est, non un principe naturel, mais un principe historique qui s'est lentement développé depuis que les conditions de la vie sont devenues plus favorables pour les hommes, grâce au progrès économique. La liberté n'est qu'un résultat de la civilisation, résultat qui ne peut être atteint que par étapes et qui différera, sera plus ou moins considérable, selon les peuples, les pays et les temps. Chaque génération, chaque peuple, chaque individu hérite de la perfection plus ou moins grande des ancêtres et ce précieux héritage il ne peut que l'augmenter légèrement.

La génération actuelle n'est pas plus préparée pour

un régime de complète liberté que l'habitant de Java n'est capable de jouir des libertés que nous possédons déjà. Le progrès marche toujours plus vite, il est vrai ; les réformes sociales qui autrefois exigeaient des siècles, s'accomplissent aujourd'hui en quelques dizaines d'années. Il a fallu de longues périodes de temps pour faire passer l'homme de l'état sauvage à l'état de barbarie ; il a fallu beaucoup moins de temps pour le conduire de la barbarie à la civilisation et moins de temps encore sera nécessaire pour l'élever de l'état de lutte de l'existence pour la vie jusqu'à l'état de coopération fraternelle. Nous vivons vite et les événements se suivent de plus en plus rapidement. Mais nous sommes obligés de passer par tous les degrés de développement : la chenille doit se transformer en chrysalide avant de devenir papillon. Nous pouvons montrer le progrès de l'organisme social, nous pouvons surtout en hâter la croissance, mais nous n'échapperons pas à la loi de l'évolution qui régit la vie de tous les êtres.

C'est dans les éléments actuels que nous devons trouver le ferment qui doit renouveler la vie. L'héritage du passé pèse comme une montagne sur l'avenir. Celui qui quitte la réalité, qui ne bâtit pas sur ce terrain solide, celui-là sent bientôt le sol se dérober sous ses pieds et il se perd dans les nuages de l'abstraction.

Devant nous se trouve l'arbre, symbole de l'humanité. Nous le voyons se développer et, grain infime, devenir arbrisseau robuste. Pense-t-on qu'en criant bien fort et en faisant des vœux ardents, il va tout à coup lui pousser de nouvelles branches, qu'il produira ses fruits savoureux avant le temps. Mais non, nous restons impuissants devant les lois qui régissent son existence. Nous ne pouvons qu'activer sa croissance et attendre.

Nous devons écouter la raison et ne pas exiger aveuglément pour tous cette liberté absolue qui n'a jamais été appliquée nulle part. Nous ne pouvons pas considérer comme un droit naturel ce qui ne peut être que la conséquence de l'évolution économique de la société.

Certes l'humanité, tout comme le jeune arbre, est susceptible de développement ; mais l'un et l'autre obéissent à des lois fixes, le développement de chacun d'eux a des limites naturelles. Notre intelligence ne sait pas concevoir la vérité absolue, notre fantaisie créer la beauté absolue, notre cœur, l'absolue bonté, notre corps ne peut jouir de la vie absolue : de même l'humanité n'atteindra jamais la liberté absolue. Le pirate des mers, qui ne reconnaît ni société ni lois, qui vogue sur l'océan immense, l'abîme sous les pieds et le ciel sur la tête, est-il complètement libre ? En apparence seulement, car il est soumis à la puissance du vent et des vagues. Heureux si, malgré la tempête et les coups de lame, il parvient à maintenir le navire dans la bonne direction, à éviter les récifs et s'il obéit à la boussole. Mais malheur à lui si, dégoûté de toute direction et de toute autorité, il devient le jouet des flots, au nom d'une chimérique théorie libertaire.

Il nous faut tenir constamment compte des forces dont nous disposons, des éléments contre lesquels nous devons lutter, des hommes au milieu desquels nous devons vivre. Il fut démontré d'une façon sanglante en 1789, quelle est la distance qui sépare l'idéal de la réalité. Au nom d'une séduisante et abstraite théorie, on ne voulut pas donner à la liberté individuelle le temps de se développer et on l'imposa au peuple par la force. On réforma tout dans l'Etat et dans la société selon ce principe, et l'on devint plus fanatique de la « déesse de la liberté » que jamais croyant ne le fut de son idole.

Et les conséquences ? « Du sein d'un peuple qui venait de détruire la royauté, surgit une puissance plus forte et plus tyrannique que celle des rois » (Tocqueville). La vision sentimentale de la liberté ne fut pas réalisée et l'esclavage n'avait pas disparu. L'an I de la liberté ne dura qu'un jour ! Une fois de plus, on avait oublié la vérité que Saint-Simon a exprimée ainsi : « La liberté n'est ni un but ni un moyen, c'est un effet du développement progressif. »

La liberté dépend donc des circonstances historiques dans laquelle nous vivons ; la période qui suit est toujours le produit de celle qui précède.

Nos guerres, le sort de nos femmes, notre droit pénal, démontrent clairement que les instincts des barbares nous gouvernent encore. Et c'est lorsque nous voyons à peine poindre l'aube de la civilisation que l'on ose prétendre que la liberté fera disparaître toute cruauté et tout égoïsme ?

On pense, par un coup de baguette magique, pouvoir transformer les hommes en êtres de la valeur la plus pure, alors que partout autour de nous la lutte furieuse pour l'existence démontre que nous sommes à peine sortis de l'animalité de nos ancêtres ? Comme si une génération qui a grandi dans la misère et l'oppression, pouvait d'un seul coup se décharger de ses vices et de son servilisme ! Comme s'il était possible de greffer la liberté et l'indépendance sur des siècles de despotisme et de servitude ! Les gens nuisibles, on peut les tuer, mais les caractères ne peuvent être amendés que par des circonstances favorables se faisant sentir pendant de longues années et dans un meilleur milieu social.

Autrefois le besoin de la liberté était même inconnu. Ce n'est guère qu'au xviiie siècle que des philosophes se sont mis à parler de liberté individuelle et que leurs disciples s'efforcèrent de la réaliser par la Révolution française, et tout cela en dépit de l'individualisme de la religion chrétienne.

La Révolution française supprima, en même temps que l'oppression, la protection du régime féodal et nous subissons encore toujours les conséquences fatales de cette utopie. L'influence du caractère héréditaire des peuples ne disparaît pas avec des raisonnements, des théories abstraites, de brillantes déclarations. L'idéal le plus élevé, aussi longtemps que son heure n'est pas venue, ne saurait être susceptible de réalisation. Si nous ne voulons pas retourner à l'état sauvage, où chacun prend et fait ce qu'il veut, si nous ne voulons pas nous contenter de vivre par couples comme les Veddas des bois de Ceylan, ou par douzaines, comme les Caraïbes, les Bushmans, les Araucaniens, les Fuégiens, etc., si nous ne voulons pas de cela, il faut mettre des bornes à la liberté de l'individu.

Une société n'est possible que si l'homme réel, l'homme

de notre temps, voit ses penchants antisociaux répri-
més. C'est avec les matériaux que nous avons sous la
main qu'il nous faut travailler, non avec ceux de l'a-
venir.

C'est un saint devoir que d'améliorer ces matériaux,
c'est-à-dire le caractère de l'homme, les circonstances
au milieu desquelles il vit. C'est en créant des conditions
sociales qui rendront la liberté possible, en développ-
pant le sentiment de la communauté et de la solidarité,
en garantissant la justice et l'égalité des droits que nous
parviendrons à un niveau moral plus élevé et qui rendra l'autorité de moins en moins nécessaire. Nous aurons ainsi plus fait pour la liberté que ceux qui, par
leurs criailleries, non seulement faussent le caractère de
la révolution, mais encore lui font courir le danger de
manquer son but.

La passion aveugle que professent la plupart des anarchistes pour la liberté ressemble au zèle religieux des
fanatiques du moyen âge.

La plupart d'entre eux ne savent même pas clairement
exprimer ce qu'ils veulent. Ils ont à peine, pour la plupart, une idée vague, obscure *d'une société où chacun
pourrait réaliser ses désirs et satisfaire ses caprices.*
Est-ce que l'expérience n'est donc pas suffisante pour
montrer que la liberté sans l'égalité se résout par la liberté pour le plus habile ou le plus fort et que cette
égalité doit être le premier de tous les vœux, car, sans
elle, on doit s'attendre à des siècles de lutte ou de nouvel esclavage ? Il semble que non.

On peut classer les anarchistes en deux groupes : les anarchistes *individualistes* et les anarchistes *communistes*. Les premiers s'occupent peu du domaine social et trouvent leurs partisans principalement dans la classe bourgeoise. Ils poursuivent surtout l'abolition de l'autorité et ne désirent pas d'autres réformes fondamentales. Leurs tendances sont condamnées par ce seul fait qu'ils ne veulent aucune modification de la propriété privée des instruments de travail et des matières premières.

Nous ne nous occuperons donc que du deuxième groupe : les communistes-anarchistes.

Que veulent ceux-ci ?

Nous avons lu pendant des années leurs brochures et leurs journaux et nous y avons trouvé les doctrines suivantes :

« L'Anarchie, c'est la liberté constante des changements, c'est le changement érigé en loi suivant les besoins ou les caprices.

« C'est la libre fédération des libres, des producteurs librement associés », disent Cabanel et Labigaud dans leur *Solution de la question sociale par le communisme-anarchiste.*

« Les anarchistes exigent l'autonomie absolue de l'individu. Pas de lois, les relations des hommes se basent sur la volonté individuelle. On forme librement les groupes et ceux-ci sont autonomes ; ils décident eux-mêmes s'ils doivent, oui ou non, coopérer avec d'autres indivi- dus ou d'autres groupes. Personne ne peut être astreint à des obligations. Chacun reste entièrement libre.

« La liberté ne peut produire de bons effets qu'autant qu'elle est absolue. Nous sommes anarchistes, c'est-à- dire que nous voulons un état social où l'homme, libre de toute entrave, puisse laisser se développer en lui et hors de lui les germes d'activité dont la nature l'a pourvu » (*La Révolte*, 10 janvier 1891).

L'anarchisme veut donc la liberté absolue. Il est la négation des devoirs de l'individu envers la société.

La volonté individuelle est la seule règle de vie. Cha- que individu se considère comme un petit souverain, comme un centre autour duquel tout se meut, comme une personnalité entièrement libre de tous les liens qui l'unissent au passé, au présent et à l'avenir. Aucune au- torité ne règle l'activité des groupes, aucun lien ne les unit, la seule force qui gouverne la vie sociale, c'est la puissance de la volonté libre. Les règlements mêmes sont inutiles pour déterminer les droits et les devoirs des membres d'un groupe, pour établir un programme d'action. « Si ces règlements constituent une force, ils sont des autorités ; s'ils sont sans influence, ils sont inutiles ». C'est ce que Proudhon avait déjà formulé ainsi : « Le laissez-faire, laissez-passer dans l'acception la plus littérale et la plus large ».

Cependant cette domination de la volonté et de l'arbi- traire individuels ne conduiront pas au désordre ; du moins, les anarchistes l'espèrent.

« Malgré l'absence de toute obligation, chacun fera
son devoir ; chacun se rangera dans telle ou telle collectivité d'individus selon ses penchants, se fournira dans
les magasins de ce dont il a besoin sans s'inquiéter de
savoir d'où viennent les produits qu'il consomme, ni où
iront les produits qu'il créera, si l'envie lui prend de
travailler. Les magasins (n'auront-ils pas une administration ?) distribueront selon les besoins et les ouvriers
produiront spontanément ce qui est nécessaire (mais
comment pourront-ils juger de ce qui est nécessaire,
puisque même les commissions de statistique ne sont
pas tolérées ?). (Labigaud, *Solution de la question
sociale*).

« Nous ferons naître l'harmonie par le libre jeu des
intérêts individuels. Après la révolution, ce sera le
chaos, sans boussole gouvernementale, sans gouvernail,
sans ordre, sans frein, dans la plus profonde anarchie
enfin. La libre volonté des groupes sera le seul mobile. »
(Labigaud, *Solution de la question sociale*).

« Les passions prendront leur libre cours, car nous
ne respectons pas plus la morale que la loi : chaque loi
morale est une atteinte à notre liberté. » (*L'Insurgé*,
22 mars 1875).

Mais alors pourquoi suivrais-je votre volonté et pas
la mienne ? Quels principes de morale me font un
devoir de respecter la liberté d'autrui ? Si mon intérêt
personnel m'oblige à violer la liberté d'autrui, pourquoi ne le ferais-je pas, puisque je ne suis pas soumis
à une loi morale qui met des bornes à ma théorie de
liberté absolue ? Mais si l'homme, semblable à l'animal,

peut donner libre cours à toutes ses passions, qui protégera la vierge contre les atteintes de la brute, qui protégera l'homme contre les coups des assassins ?

Celui qui possède une liberté illimitée peut utiliser toutes ses forces pour s'assurer ce droit, écarter tous les obstacles qui l'empêchent de satisfaire sa volonté et d'apaiser ses caprices. L'arbitraire devient alors tout-puissant et la jouissance personnelle, le bien suprême. Est-ce l'harmonie ou la lutte furieuse qui naîtra de tout cela?

La liberté est une idée négative qui signifie simplement *absence* de toute obligation contraire. Elle ne saurait donc être une *fin en soi*, un but par elle-même. C'est un moyen applicable et désirable dans des cas déterminés, dans certaines circonstances, mais pas dans tous les cas et dans toutes les circonstances et pas surtout dans une société qui se compose d'autre chose que de quelques groupes d'huîtres ou de polypes, dans une société qui est mieux qu'une quantité de feuilles détachées flottant au gré des vents.

L'organisation socialiste, l'Etat populaire, loin d'être un obstacle à la liberté, est l'organisme qui rend la liberté possible, non pour quelques-uns, mais pour tous.

Mais les anarchistes ne veulent pas de l'Etat : « Notre seul but est la destruction de l'Etat et le libre développement des lois naturelles de la Société » (Malatesta). Ce sont ces lois-là qu'invoquait le fabricant Nasmyth, lorsqu'il abandonna ses ouvriers sans-travail avec leur misère, au « libre jeu des lois naturelles de la société ».

« Aucune réglementation ne peut limiter mes jouissances » (*Terre et Liberté*) ; c'est pourquoi les anarchistes ne respectent ni lois, ni morale. Ils espèrent que chaque individu fera bon usage de la liberté absolue de tout faire et de tout laisser faire, comme si, même avec les hommes les plus nobles, la liberté ne devait pas être limitée pour que chacun jouisse d'une liberté égale et comme si, de même, l'autonomie de l'individu ne devait pas s'arrêter là où commence cette nécessité sociale ! Il suffit d'ouvrir les yeux pour voir que la liberté humaine est intimement liée à la longue série de causes et d'effets dont notre société actuelle n'est que le résultat.

Certes l'individu a des droits sacrés sur lesquels l'autorité ne peut jamais porter une main sacrilège. La personnalité humaine ne saurait être assez vivement défendue ; on ne saurait donner aux caractères un pli trop énergique. C'est surtout dans notre siècle d'éducation servile et de défaillances morales qu'il est nécessaire de développer la personnalité, de fortifier la conscience morale. Mais ce n'est que par l'association que l'individu peut acquérir cette force ; les monuments durables se construisent dans le granit.

La vraie liberté exige précisément le développement complet de l'individu, tant sous le rapport matériel que sous le rapport moral et social ; c'est elle qui développera son sentiment de justice, qui éveillera son amour du beau, qui élèvera et purifiera son cœur et sa raison ; et de plus en plus il sentira que le droit, l'art, l'amour et la science proviennent de la collectivité.

Nous voulons placer tout le monde sur le chemin libre de la vie, dans des conditions égales, pour que chacun prenne une même part du fardeau, et, par conséquent, pour alléger le pèlerinage de l'humanité vers une plus haute destinée. C'est pour le retirer de l'eau, et non pas pour le perdre, que l'on jette au noyé des engins de sauvetage.

L'humanité a intérêt à ce que « l'homme exerce tous ses droits, à ce qu'il développe ses forces, qu'il jouisse pleinement de la vie et de la liberté, qu'il soit débarrassé de tout lien, de toute autorité, libre de toute charge et de toute obligation dont l'abolition est *possible* et *juste* (Hélène MERCIER, Aurora LEIGH) ». Mais avant tout, il doit être un des *membres* de l'humanité et la conception *d'individu* doit rester soumise à celle de *l'homme*, de membre de la collectivité. Ce n'est pas la liberté des nomades qui est notre but, mais celle de membre d'une société et celle-ci ne peut être conquise par la négation des obligations envers l'humanité. Qu'il soit imposé par la force ou librement accepté, il faut qu'un lien moral unisse tous les hommes.

« Ce n'est que lorsque l'amour de la liberté sera allié à la sympathie pour autrui, que la liberté sans restriction sera possible », dit Spencer, et les meilleurs des anarchistes pensent de même. Seulement ils espèrent que dans notre société, basée sur la lutte et l'antagonisme, il suffira de prendre à cœur les intérêts individuels pour produire l'harmonie et ils croient que l'intérêt personnel sera identique à l'intérêt général.

Là se trouve le point faible de leur doctrine ; c'est cela qui marque la théorie anarchiste du sceau de l'utopie, une théorie qui apporta au monde tant de misère et qui aujourd'hui encore doit être combattue !

Bien qu'on le nie, il est incontestable que le cri : *A bas l'État* est lancé depuis longtemps déjà par le libéralisme. Lorsque celui-ci était jeune et, par conséquent, généreux, il n'était pas seulement le précurseur de l'anarchisme, mais aussi celui du communisme. Mais cet enthousiasme pour l'égalité ne fut pas de longue durée. Leur passion, ou plutôt leur délire de la liberté survécut, ce qui fit dire à Émile de Laveleye : « Il est curieux de voir à quel point les idées anarchistes ressemblent à celles des économistes à outrance ».

Les uns et les autres sont plus menés par leur foi fantaisiste, par leur fétichisme de la liberté que par la connaissance des faits ; les uns et les autres ne tiennent aucun compte des lois de l'évolution pour se créer une chimère à leur gré. On dirait qu'ils n'ont jamais examiné un homme en chair et en os quand on voit qu'ils s'imaginent que la lutte des passions conduira à l'unité de sentiment, et celle des intérêts, à l'association des forces individuelles, comme si des hommes parfaits habitaient un monde idéal ! Le monument qu'ils voient s'élever de leur imagination est magnifique, l'assemblage en est admirable, mais les matériaux manquent. « Le principe de *liberté pour tous* aurait pour conséquence, disent-ils, le bonheur de tous, la liberté de propriété conduirait à la possession pour tous et la liberté de travail serait à l'avantage de tous. » Si l'autorité de l'État s'abstenait de toute intervention sociale, si on la réduisait à un rôle plus modeste, bientôt, par la libre action des forces économiques, en laissant la bride à l'intérêt individuel, toutes les luttes se résoudraient en une salutaire harmonie.

Le 12 mars 1776, Turgot, sous les applaudissements des travailleurs parisiens, abolit les gildes parce qu'elles étaient un obstacle à la liberté du travail. La révolution de 1789 devait mettre un terme à tout despotisme et la lutte fut commencée au nom des droits absolus de l'individu.

Mais quelle était la situation en 1793 ? Quelle est la situation actuelle ?

La liberté économique des hommes de 1789 est devenue une atroce tyrannie ; la liberté politique, une oppression qui crie vengeance ; la liberté de conscience, la liberté de la presse, du domicile, du mariage sont une cruelle dérision pour la majorité du peuple. On ne trouve nulle part trace de l'identité des intérêts, du bien être général, de la liberté et de l'harmonie qu'on avait prédits. « La théorie libérale nous montre la liberté et nous donne l'esclavage », a dit avec raison Groen Van Prinstrerer.

Est-ce que l'utopie des anarchistes, identique à l'utopie libérale ne portera pas avec elle, selon toute probabilité, les plus tristes déceptions ? La sérieuse leçon du passé n'est-elle pas suffisante et l'Histoire nous aura-t-elle avertis en vain ?

Les économistes libéraux ne sont pas encore guéris de leur chimère, malgré la terrible situation sociale actuelle. Ils espèrent encore que la poursuite de l'intérêt individuel conduira à la solidarité. « On reproche à l'école classique, écrivait le *Journal des Économistes* au mois d'août 1890 (un anarchiste aurait pu dire la même chose), on reproche à l'école classique de ne pas comprendre la *solidarité*. L'école classique comprend si bien la solidarité qu'elle croit qu'elle s'organisera de soi, spontanément, et que c'est l'intervention du législateur, de l'Etat, la contrainte en propres termes, qui la désorganise, qui divise les hommes, comme un coin enfoncé dans un morceau de bois le met en pièces. »

Cette même croyance naïve, que l'exercice de la volonté individuelle éveillera un puissant sentiment de solidarité, anime aussi les anarchistes, bien que ceux-ci veuillent tout d'abord déposséder des moyens de production les possesseurs actuels pour les mettre à la disposition de tous.

Cette différence prouve une plus saine intelligence chez les anarchistes que chez les libéraux. Mais précisément cette expropriation violente n'élèvera-t-elle pas entre les vainqueurs et la bourgeoisie vaincue un mur infranchissable ? Celle-ci oubliera-t-elle l'humiliante défaite et ne continuera-t-elle pas la lutte par tous les moyens ?

De quel droit peut-on, du reste, lui interdire de prendre possession des meilleurs instruments de travail et d'utiliser les meilleurs produits ? Si elle fait cela, on a le choix entre une force répressive ou une guerre sans fin. Les anarchistes devront donc être impitoyables pour leurs adversaires, leur appliquer la loi de la majorité plus durement que ne le feraient les socialistes par le suffrage universel.

Quel est celui qui, ayant vécu parmi les hommes de toutes les conditions, de tous les caractères, les ayant observés avec soin, oserait prétendre que la liberté absolue de l'individu ne conduirait pas aux crimes les plus atroces, aux abus les plus criants ? L'esclavage des siècles passés a imprimé son stigmate sur les générations modernes.

Un homme sain d'esprit oserait-il espérer que le manque de caractère et l'excès de l'égoïsme d'aujourd'hui seraient demain remplacés par l'altruisme si une révolution venait démolir le système actuel ? Un naïf enfant, un apôtre fanatique seuls peuvent le croire !

L'individualisme n'est que trop développé dans notre siècle. Ce n'est pas dans cette voie là qu'il faut marcher. C'est plutôt le sentiment de la solidarité, la sympathie pour nos semblables malheureux qu'il faut développer. Des faits innombrables montrent quelles basses passions ravagent encore l'humanité. Il n'y a pas de crimes, pas d'assassinats, si terribles, si épouvantables qu'on puisse se les imaginer, qui ne se commettent, non pas dans les romans, mais dans la vie réelle.

Et à toutes ces passions, on donnerait libre cours, avec l'espoir qu'elles se brideraient elles-mêmes, alors que toute l'Histoire nous apprend combien la marche de la perfectibilité morale est lente et combien long est encore le chemin à parcourir avant que l'individu aura atteint l'état moral nécessaire pour que la liberté absolue soit possible ?

Pour apprendre à nager, il faut se jeter à l'eau, mais aussi longtemps que l'on ne comprend pas l'art de la natation, des cordes et des engins de sauvetage sont nécessaires. De même la liberté limitée doit être l'école où l'on se prépare à la liberté complète. Celui qui doterait l'homme de la liberté absolue agirait aussi sottement que celui qui jetterait un homme ne sachant pas nager au milieu de l'Océan avec la liberté d'atteindre la côte lointaine par la seule force de ses bras. Cette liberté-là lui serait fatale.

Les anarchistes, comme les paysans dans leur guerre après la Réforme, comme les Levellers d'Angleterre, les Hébertistes en France, devancent leur temps. C'est pourquoi leurs doctrines ne sauraient ni triompher ni être appliquées, même s'ils venaient à être momentanément victorieux.

D'un autre côté, l'anarchisme est une conséquence logique de l'abus que l'Etat bourgeois a fait de sa force et, par conséquent, la réaction contre une autorité injuste. Nous avons tous cette aversion pour cette autorité de l'Etat. Mais il ne faut pas pour cela accepter les conclusions anarchistes. Ce n'est pas parce que le gouvernement des riches est défectueux que nous devons rejeter *toute* espèce de gouvernement ; ce n'est pas parce que les gouvernements ont opprimé le peuple que *tout* gouvernement populaire est mauvais et doit être combattu.

C'est la même fausse idée qui portait les Luddistes, en Angleterre, à détruire les machines parce que, alors et encore aujourd'hui, les machines sont un mal pour le travailleur. Avec une autre et meilleure organisation ne seraient-elles pas un bien considérable ? Devons-nous donc détruire immédiatement tout ce qui nous déplaît ? L'amélioration de ce qui existe, n'est-ce pas le vrai chemin à suivre ? Ne devons-nous pas souvent nous contenter d'un bien moindre, en attendant qu'on puisse atteindre mieux ? Bien que la lanterne fume et qu'elle éclaire mal, qui la rejetterait au milieu de l'obscurité des forêts ?

Le chemin vers l'amélioration sociale est déjà jalonné. L'Etat ouvrier, introduit après la socialisation des instruments de travail, peut pendant longtemps conduire nos pas. Si, au début, la liberté n'est pas beaucoup plus grande, c'est là une conséquence de la discorde et de la haine que le règne de la Bourgeoisie a fait naître. Les riches et les pauvres ne se connaissent pas. Ils vivent, aiment et haïssent dans leur milieu propre et sont insensibles à leur sort respectif. Ce n'est pas seulement la propriété qui les tient éloignés les uns des autres, mais leur manière de vivre, leurs plaisirs, leur degré de développement. Le *farniente*, la paresse a tellement pénétré la moelle et les nerfs de la plupart des propriétaires que ce n'est que par la force et les moyens violents qu'on saura les obliger à faire leur part de travail social. Leur luxe semble si attrayant à la plupart des déshérités que ceux-ci, au début, considéreront le travail, même réduit, même moins lourd, avec aversion et qu'ils voudront, à leur tour, jouir de l'oisiveté absolue, ce qui, du reste, est fort compréhensible. Ces deux penchants devront être combattus. Dans les premiers temps donc, après le triomphe de la Révolution, une bonne législation sera indispensable.

Les lois, reconnues nécessaires pour l'intérêt général par le peuple, auront un tout autre caractère que les lois faites par la bourgeoisie actuelle dans son intérêt exclusif. Elles pourront, et c'est là leur justification, être passées au crible de la justice. Mais rejeter toutes les lois parce que, dans l'Etat de classe actuel, la plupart des lois sont mauvaises, c'est aussi insensé que de vouloir empêcher tout échange de produits entre les peuples parce que Franklin a démontré que le commerce n'est que fraude. Le commerce, c'est-à-dire l'échange des produits d'après leur valeur réelle, sera toujours nécessaire et se fera pour le plus grand bien de tous.

De même, surtout au début, un gouvernement qui réglera le travail avec justice, sera le meilleur moyen pour abolir tous les privilèges.

Bientôt l'immixtion de l'autorité dans bien des choses deviendra inutile et le gouvernement pourra retirer sa main protectrice.

Les fleurs tombent dès que le fruit se montre : de même, les lois disparaîtront, une à une, à mesure que l'individu deviendra capable de se gouverner lui-même. Ce serait en vain que, dans une société d'égaux, on voudrait empêcher l'incessant développement de la liberté. Le libre groupement, dans ses variétés sans nombre, pourvoira, si pas à tous, au moins à la plupart des besoins. Dans la même mesure, l'initiative individuelle remplacera l'influence de l'Etat. La liberté et l'autorité ne sont nullement ennemies ; elles peuvent se soutenir l'une l'autre et se développer l'une par l'autre. La liberté est le but ; l'autorité, le moyen ; la liberté est le droit, l'autorité est la garantie de ce droit.

Certes des abus survivront, nous l'avons déjà reconnu. Dans les nombreuses révolutions qui se sont succédé, les nouveaux gouvernements promettaient toujours la liberté et ils imposaient le despotisme. Ils y étaient obligés par la nécessité de protéger les possessions personnelles injustement acquises. Au-dessus de la race des imbéciles, il y a encore toujours la race des tyrans.

C'est avec peine que l'humanité a pu échapper à l'inquisition de l'Église et des rois et, cependant, le besoin de la liberté de penser, d'agir, de vivre n'est encore senti que par quelques-uns. Si donc, aux gouvernants de l'avenir, on n'enlève pas leur meilleure arme, l'inégalité de la propriété, les faibles, les sots et les indifférents courront le danger de former à nouveau une classe d'assujettis.

« La révolution, qui devra joindre la prudence à l'énergie, a dit Blanqui, devra employer tous les moyens dont elle pourra disposer pour prévenir et combattre l'autorité personnelle et injuste ».

On devra donc être constamment sur ses gardes, car l'homme n'est pas soustrait à la malédiction qui pèse sur chaque autorité et cette pensée de J.-S. Mill reste toujours vraie : « La puissance corrompt l'homme. C'est la tradition universelle basée sur l'expérience universelle ».

La fatale influence de l'autorité sur les caractères ne se révèle que trop souvent, même sur les soi-disant meneurs. Combien de fois n'a-t-on pas vu les plus purs caractères se corrompre sous l'influence de l'autorité et combien de fois l'orgueil, la présomption, l'ambition, l'intolérance n'ont-ils pas fait un tort énorme à notre beau mouvement. Certes, le danger existe, car le besoin de dominer est inné à l'homme.

A ce point de vue, la critique sévère des anarchistes fait plus de bien que de mal. Là où il y a de l'autorité, il faut du contrôle ; là où il y a pouvoir, il faut veiller à prévenir les abus. Le conseil d'Anacharsis Clootz mourant est toujours de circonstance : « France, guéris-toi des individus ! »

Mais, avec cette réserve, le peuple doit soutenir avec énergie les luttes et les efforts de ceux dont ils ont chargé les épaules du fardeau de l'autorité. Les *meneurs*, loin de suivre la masse dans ses fautes et ses préjugés, même s'ils ont à y perdre leur influence, doivent combattre tout ce que leur conviction leur fait considérer comme mauvais ou nuisible.

Ils doivent former la partie la plus énergique, mais aussi la plus pure du mouvement et faire ressortir le côté moral de notre combat, afin d'élever les idées de la masse, au lieu de suivre celle-ci aveuglément.

Trop souvent, les *meneurs*, au lieu d'aller hardiment en avant, sont obligés d'être poussés ; ils n'élèvent pas toujours assez haut la bannière de l'humanité, qui plane même au-dessus des intérêts des travailleurs, puisqu'elle a pour but le salut de l'humanité tout entière. Pour ce qui les concerne personnellement, ils doivent s'efforcer de gagner l'estime des compagnons par leur impartialité, leur énergie et leur honorabilité, il faut qu'ils servent d'exemple par leur esprit de sacrifice, leur dévoûment et leur courage.

Et de tels meneurs, on peut les trouver, ils existent

déjà. Dans ces considérations générales qui ne s'inquiè-
tent pas de questions de personnalité, on ne peut pas
citer des noms. Mais celui qui connait les *leaders* des
différents pays ne peut s'empêcher de témoigner ici de
sa profonde estime pour tant de nobles dévoûments.
Leur vie est une série de désillusions et de douleurs
cuisantes et n'est guère enviable. Le meilleur de leurs
forces est dépensé vainement, leurs souffrances semblent
souvent inutiles.

L'apathie de la foule est telle, qu'ils ne connaissent
d'autres jours de bonheur que lorsque le peuple est
secoué d'enthousiasme, qu'il se relève fièrement pour
un instant, après s'être agenouillé pendant des années.
Ils ont à vaincre toutes les résistances, à supporter toutes les offenses. Ils doivent s'attendre à toutes les ingra-
titudes ! Une seule pensée les tient debout au milieu
des vagues furieuses : la lutte pour leur idéal ! Là où
de tels hommes se lèvent, ô peuple si souvent ingrat
pour tes amis, accorde-leur ta confiance, soutiens leurs
efforts, fortifie leur puissance !

Mais s'il est prouvé que tu as donné ton affection,
ton pouvoir, ta confiance à un indigne, qui poursuivait,
non le salut de tous, mais son propre intérêt et ses ambi-
tions, que ta main écrase le traître !

Dans la lutte, les chefs sont indispensables. Il faut
bien que l'on confie à quelques hommes les préparatifs
du combat, la conduite de l'attaque, la prévision des
moyens pour aboutir.

Les meneurs peuvent être bons ou mauvais, mais, sans
eux, une attaque générale, à un moment donné, est

impossible. Or, il est nécessaire d'opposer l'unité d'action des travailleurs aux rangs serrés de nos ennemis, car on courrait au devant d'une défaite certaine par l'éparpillement de nos forces et par une attaque désordonnée. Pendant la bataille, toute discorde doit disparaître. Nous ne pouvons nous diviser ni sur une question de race, ni sur une question de groupe. Nous devons former un seul bloc contre le capitalisme.

La puissance d'une armée consiste dans son unité indissoluble, irréductible. Ce ne sont pas de petites pierres que nous devons lancer à nos ennemis, mais un rocher, car il ne s'agit pas de les irriter ou de les tourmenter, mais de leur livrer un combat à mort, sans merci !

Le manque de discipline et d'unité de direction causa la chute de Spartacus et de ses vaillants esclaves, celle des paysans au xvie siècle, celle des anarchistes en Espagne (1875), en Italie (1883) et la défaite de Paris en 1848 et en 1871 (1).

« Là où il y a lutte, la centralisation est nécessaire ; pendant la guerre, le despotisme est indispensable » (Bagehot.)

« Mainte armée triompha sous le commandement d'un

(1) Pendant que les troupes versaillaises se pressaient en foule aux portes de Paris, une des issues de la ville semblait complètement abandonnée.

« Des 200.000 citoyens armés qui avaient acclamé la Commune le 31 mars 1871, il n'y en avait plus que 15.000 sur les baricades au 20 mai. Des 35.000 morts, 5.000 seulement étaient tombés les armes à la main. On allait chercher les autres dans les maisons, un à un ou par petits groupes pour les fusiller » (*L'Ami du Peuple*, journal de Maxime Lisbonne).

mauvais général, mais jamais aucune ne vainquit lorsqu'elle avait à sa tête un club d'orateurs. Si pendant les jours de combat ceux qui ont le commandement des troupes ne possèdent pas l'autorité suffisante au milieu de l'action, il ne faut pas compter sur une victoire » (*L'Ami du Peuple*, 1885).

Et, en fin de compte, le danger existe plus chez les menés que chez les meneurs. Certes, la victoire dépend en grande partie de la noblesse d'âme, du dévoûment, du tact et du coup d'œil, de la solide honnêteté de ceux qui sont appelés au beau rôle de donner un corps au socialisme, de conduire la stratégie des premiers jours ; mais le peuple inspire les principes et les pousse en avant. Que l'on ait donc confiance dans les chefs, qu'on leur montre la tâche qu'ils ont à remplir et qu'on leur laisse la liberté de l'exécution jusqu'à la fin de la lutte.

Les anarchistes eux-mêmes, dès que le combat sera sérieusement entamé, se repentiront de n'avoir pas soigné, alors qu'il en était temps, leur organisation en vue de la lutte ; et cela d'autant plus qu'en prêchant constamment la défiance de tout ce qui pourrait s'appeler direction, ils auront cassé les bras aux chefs et les auront rendus impuissants.

Bakounine fut bien obligé, en 1871, d'agir avec autorité et même de menacer de la peine de mort tous ceux qui n'auraient pas obéi. Lorsque, en 1873, les anarchistes s'emparèrent d'Alcoy, leur premier soin fut d'établir un gouvernement révolutionnaire. Le 1ᵉʳ Mai 1890, le gouvernement français s'attendait à un soulèvement provoqué par les anarchistes, mais toute tentative de leur part était devenue impossible par défaut d'entente préalable. *La Révolte* reconnut même qu'une ligne de conduite mieux réglée, par conséquent un peu d'autorité, était nécessaire. Si l'on ne veut pas que le navire soit sans voiles et sans gouvernail, qu'il devienne le jouet des vagues capricieuses qui le briseraient sur les récifs, il faut un plan tracé d'avance, une main ferme doit saisir le gouvernail afin de le conduire dans une direction donnée. La discussion, l'organisation, la discipline sont indispensables ; il est temps, grand temps de choisir ses chefs et de les suivre si l'on ne veut pas tomber dans les mains d'un aventurier sans conscience, mais à épaulettes.

Malgré les inconvénients que cela peut avoir, une forte organisation est nécessaire pour prévenir de continuelles défaites. Après la bataille, après la victoire, les critiques sévères se produiront et seront utiles, des condamnations rigoureuses frapperont les coupables, mais jusqu'alors tout ce qui peut empêcher et diviser le travail de destruction doit être écarté. L'unité de volonté et d'action ne peut pas même être limitée à un seul pays, mais doit être internationale, comme tout notre mouvement, sinon l'armée allemande écrasera les travailleurs français, et, plus tard, l'armée française, les socialistes allemands, pendant que la Russie restera un danger pour nous tous. Que l'on prenne des précautions, que l'on demande des preuves de courage et d'énergie à ceux que nous voudrons doter librement de quelque autorité, mais, une fois choisis, il faut que nous secondions leurs efforts dans l'organisation. L'instinct de sauvage indépendance des peuples non civilisés les livre quotidiennement, sans défense sérieuse, aux blancs qui les massacrent. Leur manque de coopération, *leur anarchisme* est la cause de leur faiblesse et de leur chute ; souvent une tribu est détruite par une autre tribu, et ils aident leurs vainqueurs à supprimer bientôt toute liberté, toute existence.

C'est pour ces raisons qu'à notre époque de lutte sauvage, la campagne des anarchistes pourrait devenir fatale au mouvement ouvrier ; c'est pourquoi ils sont les plus grands obstacles à la liberté.

La force physique décide le plus souvent dans les luttes entre les hommes ; cependant le peuple n'atteindra pas le pouvoir sans une union étroite, puissante. Maintenant que le tocsin retentit depuis longtemps, il faut espérer que les anarchistes ne détruiront pas la discipline de nos rangs, mais, laissant là leurs théories, qu'ils combattront avec nous l'ennemi commun. Cet ennemi — il est peut-être inutile de le nommer, mais c'est utile pour les anarchistes qui combattent plus ardemment les socialistes que les capitalistes — cet ennemi, c'est l'armée puissamment organisée de la classe possédante.

Si les anarchistes ne nous soutiennent pas dans cette difficile bataille, s'ils trahissent la sainte bannière du socialisme, eh bien, nous ne devons pas hésiter : plutôt pas de troupes auxiliaires que des soldats infidèles qui nous tireraient dans le dos ! Qu'alors on fasse front aux anarchistes et qu'à eux aussi on livre un combat sans merci. Nous n'avons plus à discuter des théories, leur attitude de traîtres fait de leur destruction une nécessité de la guerre et un pénible devoir.

Mais s'ils ne se laissent pas aveugler par leur rêve d'une liberté irréalisable, s'ils restent fidèles au drapeau sous lequel la classe ouvrière lutte pour son émancipation, leurs doctrines ne méritent ni l'antipathie, ni le dédain qu'ils inspirent à beaucoup de socialistes.

Dans chaque parti, il faut s'attendre à des exagérations, à des fautes, à des erreurs. Chaque problème qui approche de sa solution, fait surgir d'autres problèmes qui, à leur tour, exigent une solution. C'est pourquoi la critique de tous nos actes, de tous nos principes, est nécessaire et indispensable.

Dans notre mouvement, le danger de l'exagération consiste dans les privilèges que pourrait s'octroyer le quatrième Etat aux dépens des autres classes sociales. Il ne sera pas seulement très difficile d'obtenir de la classe possédante pleine et entière justice sans exercer sur elle les vengeances pour leurs crimes d'autrefois, mais il existe un danger semblable dans les couches sociales inférieures. Déjà, dès à présent, on ne saurait le méconnaître, il existe chez beaucoup de socialistes une antipathie contre les êtres qui vivent dans les bas-fonds de la société, contre le *lumpen-proletariat*, antipathie qui est née parce que ces malheureux ont des sentiments d'esclaves, parce qu'ils suivent aveuglément les puissants du jour.

Il n'est nullement impossible, c'est même une probabilité historique, que toutes sortes de mécontents du nouvel ordre de choses surgiront et finiront par former une couche sociale encore inconnue jusqu'ici.

Alors une nouvelle classe pourrait se produire, for-

mée d'une part par les voleurs expropriés qui, déshabi-
tués du travail par la richesse et l'oisiveté, seraient hostiles à l'accomplissement de leur devoir social ; formée
d'autre part par les plus misérables qui, affaiblis, abru-
tis par la misère, seraient devenus incapables de remplir leur tâche.

Comment se formera cette classe ? Il est aussi difficile
de le déterminer exactement, qu'il était difficile de prédire en 1789 comment la victoire du Tiers-Etat aurait
produit la formation de la classe ouvrière.

Pour prévenir l'oppression de ce cinquième Etat ou
bien pour rendre cette oppression la moindre possible,
les critiques des anarchistes peuvent être utiles, d'autant plus qu'ils se sont débarrassés de tous les préjugés
courants, de coutumes et de convenances, produits de
la bêtise et de l'orgueil, préjugés qui ont encore de l'influence sur beaucoup de travailleurs socialistes.

Souhaitons que ces nouveaux parias trouvent protection auprès des anarchistes !

L'idée de liberté, déterminée par les limites du possible, exige une vigilance constante. Non seulement certains individus et groupes auront ou exigeront souvent
une plus grande somme de liberté que d'autres individus et d'autres groupes avec lesquels ils se trouveront
en opposition, mais encore la société aura toujours une
tendance à trop s'immiscer dans le domaine individuel.
C'est surtout le cas pour ce que l'on entend par morale ;
et ce sont précisément les plus incompétents qui hési-
tent le moins à se prononcer sur les actes personnels de
gens dont ils sont incapables de juger ni les passions, ni
les mobiles.

Chaque individu majeur doit être maître de ses actes. Il n'a à rendre compte à personne de ce qui le concerne personnellement pour autant qu'il ne porte préjudice ni aux autres, ni à la société.

Sur ce terrain donc, il décide en juge suprême sur ses propres actes. Cette juste souveraineté de l'individu sur ce qui le concerne *seul*, court un danger perpétuel, et contre ce danger les anarchistes font bien de nous mettre en garde.

A la centralisation à outrance des pouvoirs, si celle-ci était une conséquence de la révolution socialiste, l'anarchisme peut devenir un contre-poids nécessaire. Mais avec une large application du fédéralisme, de la décentralisation et par un contrôle sévère, renouvelable, les autoritaires sont moins à craindre que nos adversaires le disent et l'autorité sera en tous cas moins cruelle et moins tyrannique que celle d'aujourd'hui.

Plus tard il semblera évident à tous les points de vue que ce qui, aujourd'hui, est obtenu par la force, peut mieux s'obtenir par la liberté. Autrefois, on croyait corriger les aliénés en leur mettant des chaînes de fer ; on croyait pouvoir éduquer les enfants au moyen de punitions corporelles et rendre le mariage possible seulement par l'esclavage de la femme.

Combien d'améliorations ne doit-on pas constater dans tout cela par une plus large application des principes de liberté ?

Déjà aujourd'hui la force est remplacée en grande partie par des conseils affectueux et des traitements humains. Insister sur l'utilité de la liberté, telle est la belle et salutaire tâche de tous les anarchistes sérieux.

Beaucoup d'hommes, plutôt que d'agir par eux-mêmes, attendent le secours d'autrui. Ceux-là, il est bon
de les exciter à l'action individuelle, et bien que la coopération, l'action commune, soit en fin de compte le meilleur moyen d'aboutir, souvent l'initiative privée peut
produire quelque chose de très réel.

Tout ce qui peut favoriser le développement de l'individu sans porter préjudice à la collectivité, doit être
énergiquement défendu. Des charbons déjà consumés
ne sauraient donner un bon feu : des hommes sans volonté n'auront jamais la flamme des convictions. Pour
l'avenir de notre race, que l'on veille attentivement à
empêcher tout ce qui pourrait amoindrir, abaisser l'individu, que l'on brise tout lien inutile ! Un peuple énergique ne saurait être formé d'âmes pusillanimes et de
pygmées corrompus.

Que l'on veille, que l'on développe chez chaque individu la force et l'indépendance qu'il possède, son origi-
nalité, sa personnalité, qui ne sont que trop peu mar-
quantes aujourd'hui chez un grand nombre !

Que l'on seconde, que l'on soutienne toutes les tendances vers le développement tant corporel que moral,
afin qu'un jour notre terre soit habitée par une race
d'hommes forts et de haute moralité. Dans la société
socialiste où l'inégalité de possession, cette source de
la plupart des vices, disparaîtra et où la séduction et le
penchant pour le mal sera moindre, la liberté de l'individu pourra atteindre à des hauteurs inconnues jusqu'ici.

Le principe de liberté, simplement limité par la loi

d'amour et d'humanité, donnera de moins en moins lieu à des actes répréhensibles, à des excès, et cela d'autant plus vite que le développement individuel fera des progrès. La conduite des individus, leurs actions et même leurs penchants détermineront les limites de l'intervention de l'Etat. Cependant, ét bien que nous le déplorions profondément, la liberté absolue ne sera pas plus accessible que l'immortalité. Il est donc indispensable qu'il y ait un pouvoir qui veille sur les droits de la communauté et sur la liberté de tous.

Quoique nous reconnaissions l'utilité d'une intelligente critique anarchiste, nous estimons ses exigences comme absurdes et dangereuses dans le domaine *politique*, irréalisables sur le terrain *économique*.

A ce point de vue, les anarchistes se rangent aussi parmi les communistes qui veulent appliquer la formule : « A chacun selon ses besoins ».

Nous avons déjà démontré ailleurs (1) que toutes les forces productives de la terre ne sont pas capables de satisfaire tous les besoins, et que, par conséquent, il est nécessaire de les combattre au lieu de les favoriser inconsidérément. Quelque formidable que devienne la production des moyens de jouissance, les nécessités croîtront plus vite qu'elle. Malgré tout le développement des machines, les applications multiples de l'électricité, même si nous réussissions à dompter l'énorme force motrice du flux et du reflux de la mer, même si nous parvenions à arracher à l'Océan et à l'atmosphère les

____

(1) Dans l'ouvrage *Capitalisme* et *Socialisme* par RIENZI.

quantités énormes de nourriture qu'ils contiennent, l'accroissement et la multiplication des besoins seront plus forts que tout cela. Plus l'homme reçoit, plus il veut recevoir, car les désirs ne connaissent pas de bornes. En créant des appétits nouveaux et en voulant les satisfaire, nous ne saurions aboutir, car le désir de consommer sera plus grand que le pouvoir de produire et l'aiguillon de la jouissance sera toujours plus puissant que le goût du travail. Certains besoins ne pourront pas souvent être satisfaits et beaucoup de nos désirs devront rester inapaisés. Par là, la vieille discorde renaîtra : « Pourquoi avez-vous une telle chose et moi pas ?... Pourquoi prête-t-on l'oreille à vos vœux et pas aux miens ?... » La querelle du *tien* et du *mien* renaîtra sous d'autres formes et avec une nouvelle fureur.

Les communistes ont avec raison prévu cette objection et ils ont posé des limites aux désirs. La distribution des biens n'aura pas lieu selon tous les besoins de chacun « mais selon les besoins qui peuvent être raisonnablement satisfaits ». Alors il faudra quelqu'un ou quelque chose pour en calculer et en réglementer la répartition. Est-ce possible ?

Il n'est pas *déraisonnable* que j'éprouve le besoin de me consacrer aux arts et à la littérature dans un château somptueux, près d'une rivière où règne un éternel printemps, au milieu de sculptures, de peintures et d'œuvres d'art. Je peux désirer traverser la Méditerranée sur un yacht éclatant, fendant les vagues bleues et atteindre les sommets des Alpes neigeuses dans un luxueux compartiment de chemin de fer. Et s'il me plaît de mener cette vie, consacrée aux arts et aux plaisirs des sens, sans devoir entrer en contact avec d'autres hommes, pourrais-je considérer les mers et les montagnes comme exclusivement créées pour moi ? Ces besoins peuvent exister et ils ne sont pas déraisonnables si l'on établit une règle, une mesure purement et exclusivement individuelle. Pourquoi me chasserait-on, moi, sybarite communiste de mon paradis ?... Parce que nos besoins doivent être limités, parce que notre production, contrairement à nos désirs, n'est pas indéfiniment grande. La première (la production) croîtra sans cesse, les désirs, dans une société plus civilisée devront se contenter de proportions plus modestes.

A coté des droits, les socialistes doivent aussi montrer les devoirs. Les jouissances de la vie doivent être le prix des efforts, du travail. L'ignoble spectacle de vies entières consacrées au luxe, aux plaisirs des sens, à l'oisiveté doit être épargné aux générations futures. Il arrivera un jour où l'on parlera des parasites du travail social, si haut placés, si honorés aujourd'hui, avec le mépris que nous montrons déjà aux chevaliers-brigands qui, au moyen-âge, jouissaient aussi de beaucoup de considération. Si, ainsi que le veulent les communistes, on satisfait tous les besoins de ces exploiteurs d'aujourd'hui, ils continueront impunément leur vie de débauches et de fainéantise et ne mettront jamais la main au travail, puisque tous leurs désirs sont satisfaits quand même. En les obligeant à travailler, le nombre des hommes qui produisent s'accroîtra, et ce, d'autant plus, que l'oisiveté forcée de l'armée et de la police cessera en grande partie. La perte de force de travail qui résulte des intermédiaires dans le commerce, des soins à donner aux cuisines privées et aux ménages, diminue déjà. Toutes ces causes feront que la production augmentera et qu'il pourra être pourvu toujours mieux à tous les besoins.

Déjà maintenant les chemins, les parcs, les distributions d'eau et de lumière, les phares, les travaux maritimes, les musées, les bibliothèques, etc., sont des exemples de la distribution des services d'après les besoins. Les prix uniformes du port des lettres, les tarifs par zones pour les chemins de fer sont des étapes dans la voie dans laquelle la satisfaction des besoins ne sera pas strictement limitée à l'usage. Nos bibliothèques et les conférences scientifiques sont généralement mises gratuitement à la portée de tous ; de même les canots de sauvetage et les pompes à incendie apportent des secours à tous ceux qui en ont besoin. On soigne les aveugles et les muets, les aliénés et les infirmes, les enfants, et les vieillards, non parce qu'ils livrent du travail, mais parce que notre aide et notre soutien leur sont nécessaires.

Bien des choses seront encore faites dans cette voie. L'avenir appartient au communisme, c'est incontestable, non seulement pour ce qui concerne la production, mais aussi pour ce qui concerne la distribution des richesses sociales. Grâce à son influence, notre égoïste individualisme cédera de plus en plus la place à la solidarité humaine qui fera faire des pas de géant à la civilisation. Du désordre de l'anarchie actuelle sortira l'harmonie.

Mais cela ne se fera pas en un jour. Avant qu'une complète fraternité puisse régner parmi les hommes, l'injustice et la cupidité, qui ont jeté de si profondes racines dans nos cœurs, doivent être arrachées. Ce n'est pas seulement l'égoïsme individuel qui doit d'abord être vaincu, mais aussi l'égoïsme étendu aux hommes d'un même pays, le patriotisme. La morale humaine qui voit dans tous les hommes, sans distinction, des amis et des frères, cette morale doit être plus puissante que les liens du sang, d'amitié, de résidence, de race ou de sexe. Avant que le communisme ait des chances de triompher, il faut qu'une passion plus forte que l'intérêt individuel nous anime.

Le communisme ne semble *actuellement* possible que dans les couvents, où un fort penchant à l'isolement, un dégoût des jouissances terrestres, rassemblent beaucoup de *morts vivants* et aussi chez quelques sévères sectes religieuses. Mais même là, l'autorité est nécessaire.

Les expériences de communisme non religieux, tentés dans l'Amérique du Nord sous la direction de R. Owen, échouèrent, ainsi que celles quasi-religieuses constituées d'après le système de Fourier. Les associations religieuses seules résistent grâce à une discipline de fer, au recrutement sévère de leurs membres et à une bonne direction. Mais ce succès nous semble bien durement payé par le fanatisme religieux et le sacrifice complet de la liberté individuelle. Bien que ces exemples, pris sur une petite échelle, ne soient nullement un argument décisif pour démontrer l'impossibilité du communisme social, ils démontrent cependant que même les meilleurs d'entre nous ne possèdent pas assez de renoncement de soi-même pour rendre possible le communisme.

D'un autre côté, ce qui ailleurs a été obtenu grâce au fanatisme et au sacrifice de la liberté individuelle, serait imposé chez nous par le despotisme de l'Etat qui, non seulement serait seul propriétaire, maître et souverain de tous les moyens de production, mais encore nous assujettirait à sa justice distributive, à une réglementation sujette aux erreurs et qui ouvrirait largement les portes à l'arbitraire. Notre liberté nous est pour cela trop chère !

Le communisme, pratiqué sur une vaste échelle, est seulement possible avec un pouvoir puissant qui nous dirait le travail que nous devons faire, les jouissances que nous pouvons avoir, et ce que nous pouvons consommer. Il y a bien, il est vrai, des personnes qui, libres de tout intérêt personnel, rempliront leurs devoirs sans même demander de récompense. Déjà maintenant le savant offre ses pensées et ses veilles ; le meneur, son repos, ses plaisirs et souvent son pain pour le salut des autres ; l'infirmière passe les plus belles années de sa vie dans les hôpitaux pour panser les plaies, soigner les malades. Mais cet esprit de dévouement et de sacrifice est loin d'être général. Ce n'est que lorsque l'amour qui anime quelques-uns régnera partout que l'idée du *mien* et du *tien* disparaîtra et que chacun pourra jouir à son gré de ce qui est à tous. Que celui qui pense que le communisme pourrait être appliqué actuellement, qui s'imagine les hommes meilleurs qu'ils ne sont, que celui-là fasse une expérience. Que les plus nobles, les plus aimants d'entre nous forment une association libre, basée sur les principes communistes. Si l'expérience pouvait réussir, elle serait salutaire.

Ce serait un devoir pour nous de soutenir avec énergie, de suivre avec intérêt une telle expérience, et il est vraiment regrettable que celle-ci soit si difficile à tenter sur une grande échelle, chose qui serait nécessaire pour être probante. Ce plan pourrait être appliqué à tout un corps de métier, à une industrie déterminée. Dans ce cas, la société, par le remboursement de la part de production sociale livrée par ce groupe, pourrait abandonner cette part aux membres du groupe communiste et celui-ci pourrait réglementer la distribution *d'après les besoins de chacun.*

Nous voudrions qu'ils réussissent, ces pionniers du chemin qui conduira l'humanité dans une société plus hautement morale, où la justice fera place à l'amour. Mais nous doutons fort du succès. Si cependant l'expérience pouvait aboutir, la témérité qu'il y a actuellement encore à préconiser une réglementation communiste disparaîtrait, car cette réforme serait le résultat, non de rêves d'espoir, mais d'une concluante expérience.

Dès que l'homme n'aura plus que des besoins faciles à satisfaire, dès qu'il supportera, sans y être forcé, sa part des charges sociales, alors même que sa part de jouissances ne sera pas absolument proportionnelle, quand le travail sera devenu pour tous une distraction, et que chacun trouvera plus de plaisir à *donner* qu'à *recevoir* quand toute querelle et toute envie auront disparu et que le sacrifice sera devenu un besoin, alors seulement le communisme sera possible. Alors l'obligation, la loi sera superflue et, grâce au communisme, on s'avancera vers l'idéal anarchiste, non pas parce que l'individu sera devenu souverain, mais parce que ses besoins et ses désirs trouveront leur satisfaction dans les intérêts de la communauté, parce que, en même temps que l'égalité, tous les conflits auront disparu et que tous pourront jouir de la liberté du corps et de l'esprit.

Abandonner la distribution des produits du travail à la souveraineté de l'individu, ce serait provoquer l'égoïsme, les querelles, l'inégalité, cette négation de la liberté. L'abus de la liberté peut devenir la source de la réaction et de beaucoup de maux.

Qui aurait cru que les libertés conquises au siècle dernier auraient eu pour conséquence l'esclavage de la classe ouvrière ?

Si les anarchistes placent la volonté individuelle au-dessus du bien-être général, les hommes se disputeront les meilleures places. les groupes, les terrains les plus fertiles, on mettra le bien-être individuel au-dessus du bien-être général.

Et puis il n'y a pas seulement lutte entre les individus, il y a aussi lutte entre les classes, les pays et les races. Echapperons-nous aux invasions des peuples de l'Asie ?

Si les Mahométans ou les Chinois se jetaient sur les richesses et les œuvres d'art de l'Europe, l'individualisme régnant rendrait notre résistance si faible que nous perdrions le fruit du travail de centaines de générations.

Si donc nous voulons échapper à la misère et à l'esclavage, nous devons sacrifier une partie de nos exigences et nous soumettre volontairement à une discipline sans laquelle la victoire est impossible.

L'organisation et la réglementation sont donc nécessaires. La nature ne livre ses trésors qu'au travail, principalement au travail collectif. C'est surtout depuis le développement du machinisme industriel que la coopération, une direction centrale, une autorité sont nécessaires.

Qu'adviendrait-il de notre production, si le fileur ne tenait aucun compte de la force de travail du tisserand, si le cuisinier ne s'inquiétait pas du nombre des convives ?

Quelqu'un veut maçonner un pilier pour un pont qui n'est pas nécessaire ou à un endroit qui ne convient pas ; un autre veut établir un chemin de fer sur des terrains dangereux, creuser un tunnel qui peut occasionner des effondrements. Dans tous ces cas, n'est-il pas nécessaire qu'il y ait un pouvoir qui éclaire ou défende, une autorité qui veille à la sécurité d'autrui? Or, là où il y a des décisions prises et exécutées obligatoirement, il y a autorité.

« Non, disent les anarchistes, l'autorité n'est pas nécessaire pour cela. Quelqu'un, par exemple, veut creuser un canal. Il propage son idée et se met à l'œuvre. »

Oui, mais ce quelqu'un doit calculer, indiquer la largeur et la pente du canal, déterminer les dimensions des écluses, et parmi les diverses solutions, en choisir une. Déjà par cela seul, il doit avoir de l'autorité, non seulement sur les compagnons de son groupe, mais aussi sur le batelier, sur l'architecte qui fera les plans des bateaux. Le canal une fois construit, plusieurs milliers de gens seront obligés de s'en servir, bien qu'ils eussent peut-être préféré un chemin de fer ; les contrées basses seront obligés de recevoir et par conséquent d'écouler l'eau venue en trop grande quantité, sous peine d'être exposées à la rupture des digues et aux inondations.

Quelle idée inconsidérée que de laisser aux caprices de l'homme la construction des digues et des routes, l'organisation des chemins de fer, la direction des machines et des locomotives, l'entretien des égouts et l'éclairage des villes, tout ce qui sert aux uns et peut porter préjudice aux autres, ce qui peut même causer la mort de centaines de gens ! Si un individu voulait cueillir les fruits encore verts, abattre les arbres, creuser des trappes, faire sauter un pont, aucune autorité ne pourrait donc le lui défendre ?

Aucun pouvoir ne pourrait l'empêcher de déboiser les montagnes, de détruire les champs, de détériorer des œuvres d'art ? Veut-on laisser aussi à l'initiative privée l'extinction des incendies au risque de ne pas trouver, au moment du danger, des pompiers capables de se servir des pompes à incendie ? Est-ce que dans ce cas-ci, comme dans des milliers de cas semblables, des exercices préparatoires, de la réglementation et de la direction ne sont pas indispensables ?

Là où deux personnes poursuivent un but commun, l'accord pour exécuter le travail, la fidélité aux conventions est nécessaire et il faut alors que, de quelque manière, il y ait de l'autorité à moins qu'on ne veuille laisser le travail inachevé.

L'accord complet est si difficile à obtenir. Combien de fois arrive-t-il que même deux amis, en voyage de plaisir, soient toujours du même avis sur la route qu'ils ont à suivre, la montagne à gravir, les édifices à visiter ? Même dans ce cas si simple, il arrive que l'un des deux commande ou conduit et que l'autre se laisse conduire.

Dans chaque société, groupe, famille, des individus s'élèvent au-dessus des autres à cause de certaines qualités, quelquefois à cause de leurs défauts, à cause de la sympathie, de la crainte, de la répulsion, de l'estime, de l'admiration qu'ils ont provoquées. Ils conduisent, gouvernent et s'imposent comme des meneurs. Dans tous les milieux et en toutes circonstances, on voit des individus sans droit et sans mandat exercer sur leur entourage une influence décisive.

De quel incroyable optimisme s'illusionnent ceux qui osent espérer que ce qui est nécessaire sera fait en temps utile et convenablement en abandonnant le tout à des groupes formés librement et qui peuvent se dissoudre à chaque instant ! Et cela précisément au moment où l'intérêt particulier amènera la désunion et où l'on voudra cependant « consommer selon les besoins ».

Où conduirait l'initiative privée ? Une réglementation pratiquée sur une petite échelle dans la Nouvelle-Grenade va nous l'apprendre : « Après une période très courte d'anarchie, les chemins étaient devenus impraticables, les ponts détruits, les écoles négligées, les ports ensablés et c'en était fini de la sécurité des personnes et des biens. » (Em. DE LAVELEYE).

Aucun observateur sérieux n'oserait abandonner la réglementation de la société à une force inconnue, inconsciente, qui ne recevrait d'autre impulsion que celle provenant de vues personnelles ou d'intérêts particuliers. Au contraire, une autorité bien organisée, qui dirigera la production d'après des principes déterminés, qui fera la distribution des produits avec justice et non suivant les caprices des besoins, une telle organisation sera plus nécessaire dans une société socialiste que dans tout autre. Il faudra un pouvoir qui durera aussi longtemps qu'il servira le progrès du bien-être général et dont la loi suprême sera, non pas « chacun pour soi », mais « tous pour chacun ».

Socialistes comme anarchistes veulent la socialisation de la propriété, ils suivent simplement des routes différentes pour aboutir à ce but commun. Le socialiste, convaincu que les individus sont moins coupables que les milieux dans lesquels ils vivent, et que les circonstances sont surtout cause de leurs défauts, s'attaquent au système ; l'anarchiste fidèle à sa doctrine dirige plutôt ses armes contre des personnalités.

Leur « propagande par le fait », c'est la lutte corps à corps, homme contre homme, et non celle de la nouvelle contre l'ancienne société. Personnels dans leurs attaques, ils le sont aussi dans les mobiles qui les poussent à agir. Ce n'est pas par amour de l'humanité que la plupart d'entre eux se servent du poignard et de la dynamite, mais par haine contre quelques particuliers pour des injustices qu'ils ont eux-mêmes subies. Leur amour de la liberté se traduit chez plusieurs par le mépris de toute autorité, à tel point qu'ils mettent plus de venin à attaquer les socialistes que le capitalisme, le seul ennemi. Ils n'ont de confiance que dans l'emploi de la violence, — mais ils dirigent leurs armes contre les individus, et ici ils ont tort, aussi bien au point de vue de la tactique qu'au point de vue moral.

Jamais aucun pouvoir ne se soumit volontairement aux exigences du Droit, n'abdiqua ses privilèges sans y être contraint par la force. Ce que tous avaient conquis par l'épée, tous le défendirent par l'épée.

L'histoire entière n'est que le récit sanglant de la lutte des intérêts, un chaos d'appétits, de cruautés et d'horreurs, un âpre combat pour la possession de la propriété et du pouvoir.

Et les privilégiés d'aujourd'hui se trouvent plus ennemis que jamais vis-à-vis des ouvriers qui représentent l'avenir. Les patrons sans pitié, les oppresseurs avec la vengeance au cœur, sont armés jusqu'aux dents, rangés en bataille pour étouffer dans le sang toute attaque contre leur propriété. Deux classes entre lesquelles tous liens humains sont brisés, aspirent au moment où elles pourront commencer l'horrible combat, la lutte sans merci de la richesse insolente contre la misère du désespoir.

Plus grande fut l'oppression, plus cruelle la tyrannie et plus humiliant l'esclavage, plus furieuse éclatera la colère populaire au jour de la révolution, « cette heure, debout pour tant d'années prosternées, l'instant trop court, qui relève les fronts courbés dans la poussière » (Aug. BLANQUI).

Le droit à la révolution, ce mal d'enfantement inévitable à la naissance d'une idée nouvelle, est reconnu par presque tous les grands penseurs.

Il n'y a que la Bourgeoisie d'aujourd'hui, formée des révoltés d'hier, qui ose encore le contester bien que « le droit à la révolution soit la base même de toutes leurs constitutions » (LAURENT).

Les hommes les plus nobles de notre génération ont pleinement reconnu que c'est, pour les opprimés sans droit, un saint devoir de se révolter contre l'injustice. Une révolution, malgré ses désastres, c'est le levain qui renouvelle et purifie la société. Lorsque la faim ronge les foules et les enrage, lorsque les habitants des plus humbles hameaux, maltraités et piétinés, abandonnent leurs taudis et qu'ils appellent tous les compagnons de misère au partage du butin, quoi d'étonnant à ce qu'ils s'adonnent à des scènes de cannibalisme ? Ils traverseront nos champs en détruisant et pillant tout et l'on pourra dire d'eux comme d'Attila : « L'herbe ne croît plus où ils ont passé ! ». Les révoltés, qui pensent bien plus à la vengeance qu'à l'amélioration de leur situation, qu'on leur a toujours dépeinte comme inaméliorable, lanceront leurs bombes contre les hommes qu'ils considéreront comme les auteurs volontaires de leurs souffrances.

Aucune loi morale ne les retiendra, aucun sentiment

de pitié ne leur fera éteindre la torche incendiaire.
« Entre l'opprimé et l'oppresseur, tout accord moral est
impossible », telle est leur doctrine. C'est là, du reste,
une conséquence logique pour les anarchistes qui attri-
buent l'oppression et la misère de l'individu, non pas
au milieu, aux circonstances et aux institutions, mais
à la tyrannie et à l'égoïsme de quelques autres individus. Alors, la morale même qui règle nos actions est un
obstacle à la lutte de l'homme contre l'homme ; c'est
pourquoi les anarchistes appellent chaque loi morale
« une atteinte à la liberté ».

Le bien, qui sommeille au fond du cœur humain, est
étouffé de tous côtés par la haine et la passion, et aucun
bon sentiment ne retient la main armée du poignard ou
de la dynamite. La Bourgeoisie donna l'exemple de
cruautés criant vengeance au ciel, les anarchistes ne suivent en cela que trop fidèlement leur doctrine : « Plus
de préjugés, car on n'en a pas contre nous » (*Le Drapeau noir*, 3o sept. 1883).

La « propagande par le fait » n'est pas seulement contraire aux lois de la morale, elle est aussi une faute de
tactique. Le sentiment de la subordination est encore
profondément dans le cœur d'un grand nombre d'hommes, grâce à l'héritage des siècles. Ceux qui semblent
les surpasser en force physique et intellectuelle, ceux
qui les éblouissent par leurs richesses et leur éclat,
ceux-là sont estimés et respectés. Le besoin d'avoir une
idole, dieu ou monarque, est encore toujours au fond
de la nature humaine. En renversant cette idole de
son trône, les circonstances, dont elle n'est qu'une con-

séquence, n'ont pas changé ; mais la victime devient un martyr, un saint aux yeux de beaucoup de gens qui ne seront pas du tout débarrassés de leur erreur. Son sang est donc inutilement versé, ce qui est un crime ; de plus, les lutteurs les plus sérieux sont paralysés dans les efforts qu'ils font pour montrer à la masse le but poursuivi et la moralité de leur lutte.

L'horreur de ces actes éloigne la foule de nous, alors que nous avons besoin de l'attirer, si nous voulons vaincre.

Si l'anarchiste est condamné au point de vue politique et économique et à celui de la tactique, il ne nous reste plus qu'à démontrer qu'il doit être également condamné au point de vue de la morale.

L'homme n'est pas un ange déchu. Il y a bien parmi nous quelques hommes capables de s'oublier, de vivre et de souffrir pour autrui, mais la grande masse ne songe qu'à ses propres intérêts et ne fait le bien que lorsque cela lui est utile et agréable. Les circonstances au milieu desquelles ils se meuvent ont donc une grande influence sur leurs actions et, moindre sera l'envie de satisfaire ses besoins au détriment d'autrui, plus petit sera le nombre des crimes.

L'égalité ne peut donc pas rendre les mœurs mauvaises ; d'un autre côté, la vie et le travail en commun développeront de plus en plus les sentiments sociaux et donneront une meilleure notion des devoirs que nous avons à remplir les uns vis-à-vis des autres.

La liberté, d'autre part, développe nos passions, les mauvaises comme les autres, et bien que la force ne puisse pas améliorer l'humanité, dès qu'il n'y aura plus d'autorité, tous les vices autrefois maîtrisés se donneront libre carrière. On peut naturellement faire mauvais usage de l'autorité, mais la liberté peut de même donner et donnera lieu à des abus.

La mère qui livre sa fille à la prostitution, le père qui envoie ses fils à la fabrique, les parents qui négligent l'éducation de leurs enfants, la société qui ne prend pas à cœur l'enseignement de la jeunesse, tous ceux-là abusent de la liberté au détriment des plus faibles. Aussi longtemps que la route de la vie n'est pas suffisamment large pour laisser tout le monde marcher librement, beaucoup de gens seront écrasés, à moins que la liberté de leurs mouvements soit limitée.

Mais quand il y aura du pain pour tout le monde, l'égoïsme s'affaiblira, le lien moral qui relie les hommes les unira plus étroitement et la liberté n'aura plus pour conséquence l'atteinte à la liberté d'autrui. Nous développerons les sentiments sociaux par une plus juste répartition des richesses et le développement moral permettra de donner à l'humanité la mesure de liberté dont on peut la doter à ce moment-là.

La liberté complète, au contraire, ne peut pas développer la moralité.

La notion de liberté absolue de l'école libérale est intimement liée à l'égoïsme, cette source de tous les vices. Ce principe, appliqué complètement, exclut tout amour de la société, cette base de la morale, et laisse aux événements le soin de veiller aux conséquences de la liberté individuelle dans la vie sociale. La liberté sera le remède miraculeux, la panacée de tous les maux et il n'est pas rare de trouver ce fanatisme de la liberté chez les disciples de l'anarchisme, cette violente expansion de l'individualisme.

La liberté et l'arbitraire de l'individu, voilà pour eux la loi suprême, et non le bien-être général. Ils placent leurs prétendus droits personnels bien au-dessus de leurs devoirs envers l'humanité, comme si tout système de liberté ne doit pas disparaître devant l'intérêt général et comme si seule la liberté individuelle avait droit d'existence, alors qu'elle doit rester soumise aux exigences de la vie sociale. Celle-ci veut la lutte contre l'égoïsme, le sacrifice des intérêts privés devant ceux de l'humanité. Le capitalisme développe ces vices au lieu de les combattre et il nous a placés dans une situation qui menace de nous reporter jusqu'à la barbarie d'autrefois et dont une réaction énergique, le développement du sentiment de solidarité peuvent seuls nous tirer.

La destruction du capitalisme, cette religion de l'égoïsme est la première nécessité qui puisse rendre possible le règne de la morale et de la civilisation.

C'est en éveillant le sentiment de solidarité des individus et des groupes entre eux que nous travaillons énergiquement au grand but que nous devons atteindre : le progrès moral de l'humanité.

L'individualisme des anarchistes, la présomption de leur valeur personnelle, est le ver rongeur de toute association, et l'avenir est à l'association. On a remarqué que ce chancre individualiste existe même dans nos sociétés coopératives, qui ont pour but de développer l'amour entre les membres. Si comme c'est souvent le cas, les avantages personnels des coopérateurs priment la lutte pour le bien-être général, la coopération, ce moyen d'alléger la misère, ne doit pas être admise sans conditions. En se plaçant au point de vue de la morale, les syndicats dont les caisses de résistance nécessitent l'esprit de sacrifice pour combattre l'ennemi commun, sont de beaucoup supérieurs. Ici surgissent des faits de dévouement et d'amour du prochain que l'histoire n'enregistre pas, mais qui n'en font pas moins bien augurer pour la société de l'avenir, la société des travailleurs.

Plus le groupe, avec lequel on est étroitement uni, est nombreux, plus élevé est le niveau moral que l'on atteint. L'amour de la famille, l'amour de la patrie ne sont souvent qu'une expansion de l'égoïsme dans un cercle plus large. Mais celui qui se sent membre de la grande famille des compagnons de misère qui habitent la terre et qui sait, dans les limites du possible, se sacrifier pour augmenter leur bonheur ou diminuer leurs souffrances, celui-là est supérieur à celui qui aime sa famille et sa patrie.

L'intérêt personnel reste la plus forte de nos passions, bien que d'autres puissent nous gouverner et diriger nos actions : l'amitié, la pitié, l'amour et la haine, la vanité et l'orgueil, l'ennui et la volupté. Il faut cependant que nous nous demandions si chaque acte que nous faisons ne portera aucun préjudice à notre prochain, s'il n'amènera aucune souffrance.

C'est donc la solidarité qui doit être le mobile de nos actions et nous pouvons laisser là ce terme vague de *fraternité*. La sympathie mutuelle deviendra plus étroite et plus puissante en se serrant les coudes dans la lutte, dans les nécessités de la vie, en nous prêtant réciproquement aide et assistance, en échangeant les petits services et les devoirs de l'amitié. Déjà, même dans notre société individualiste, les hôpitaux, les maternités, les orphelinats, les colonies de vacances, les œuvres philanthropiques prouvent que la pitié et l'amour d'autrui vivent encore toujours dans le cœur des hommes.

Quels puissants développements ces sentiments ne prendront-ils pas dans une société où la lutte pour le pain quotidien n'aigrira plus les cœurs ! L'absence de toute liberté, l'égalité complète des droits et des devoirs développeront le sentiment de la personnalité, mais aussi celui du mérite et des droits d'autrui. Pendant longtemps encore, le sentiment du devoir sera en lutte avec l'idée abstraite de la liberté absolue, longtemps encore la différence des talents et des conditions avec la vie d'absolue égalité, mais tous deux sont susceptibles de progrès et d'amélioration.

Plus la moralité et le développement de l'individu sont élevés, plus grande est la liberté dont il peut jouir, plus la production sera abondante, plus nombreuses seront les jouissances qu'il pourra acquérir. Comme nous voulons la liberté et l'égalité pour tous et non pour quelques-uns, il est indispensable de poser à la liberté des limites qui s'effaceront de plus en plus. Ce qui peut dès à présent être atteint, sera déjà un grand pas en avant. Pour l'avenir, nous devons laisser la parole aux événements, à la formation du caractère des individus. On ne peut pas cueillir des raisins sur du chardon ; des hommes élevés dans l'injustice et l'inégalité on ne saurait tirer l'amour de la justice, le véritable sens de la liberté. Que l'on n'oublie donc pas que l'égalité est la condition indispensable du développement de la liberté.

Nous travaillons d'autant plus puissamment au développement du degré de liberté actuellement possible que nous débarrasserons la route des obstacles qui empêchent l'avènement de l'égalité. La liberté ne sera plus une fiction alors, mais une réalité. Le véritable sentiment libertaire pénétrera notre cœur, dirigera nos actions. Que tout ce qui peut assurer le progrès de l'égalité soit donc d'abord appliqué. Mais nous ne désirons ni l'égalité, ni la liberté là où cette dernière seule pourrait être conquise au détriment de tout le reste et où elle devrait aboutir à la destruction de la vie sociale. Et comme l'égalité est la condition nécessaire au développement du corps et de l'esprit, nous devons supprimer la liberté lorsqu'elle devient un obstacle à la lutte pour l'égalité économique, c'est-à-dire pour l'abolition de la misère.

La passion de l'égalité anime tout le monde, son influence se remarque dans toutes nos actions, elle décide du sort de toute notre vie, elle nous garantit de la faim et du besoin. Chaque homme sent le besoin de l'égalité, alors que la liberté n'est encore un besoin que pour quelques-uns d'entre nous, pour les plus nobles, mais aussi pour les plus mauvais de notre génération. Travailler au progrès de l'égalité est donc la tâche la plus urgente. Sans égalité, point de liberté ! C'est donc là l'éternelle leçon de l'histoire, l'expérience de chaque jour, et cependant cette vérité est si souvent oubliée !

Le capitalisme nous dota de la liberté du commerce, l'anarchisme vise à la liberté de l'animal qui vit isolé, le socialisme donnera à tous, dans une société d'égaux, la liberté dont les hommes pourront jouir et à laquelle ils auront droit. Le triomphe du socialisme sera aussi le triomphe du droit, qui ne doit être qué l'expression des intérêts généraux.

C'est le triomphe de la morale, car notre lutte exige de tous le sacrifice, oui, même le renoncement. C'est le triomphe de la saine intelligence et de la saine raison, car il repose sur l'expérience, sur la science. Le fanatique peut trouver que ce qui est actuellement possible n'est pas suffisant, il aura probablement besoin pour agir de l'aiguillon des espérances les plus insensées. Le socialiste scientifique se contente de franchir la première étape de la route au bout de laquelle il voit l'humanité radieuse.

Le chemin parcouru est si court, le chemin à parcourir est encore si long ! Si nous choisissons la bonne direction, si nous sentons que nous avançons, la généralité actuelle a accompli sa tâche.

A la première étape, où nous espérons ne pas devoir longtemps nous arrêter, nous trouvons *le pain et l'égalité pour tous* des socialistes ; plus loin, le *à chacun selon ses besoins* des communistes et au loin, tout au bout de l'horizon, nous apercevons *l'individu souverain* des anarchistes.

Aujourd'hui, nous devons encore nous traîner péniblement sur la route avec la génération actuelle, boiteuse, épuisée, le corps et l'âme paralysés de liens qui l'ont étreinte si longtemps et si douloureusement.

Nous ne pouvons pas demander à ces malheureux ce que nous pourrons un jour exiger d'une génération vivante et fraîche, bien nourrie, née et élevée dans l'égalité et la liberté.

D'amères déceptions, une rechute dans les abîmes plus profonds que ceux dont nous nous efforçons de sortir, nous attendent, nous menacent, si nous présumons trop de nos forces et de nos moyens, si nous posons à l'humanité d'aujourd'hui mal nourrie, atteinte d'infirmités, des exigences déraisonnables.

Que le sort de Victor Considérant, de cet homme noble, qui pendant des années parcourut toutes les associations communistes d'Amérique, nous serve d'avis salutaire et de leçon. Partisan passionné de leurs doctrines, il observa avec intérêt leur conduite, il les soutint toute sa vie par ses conseils et par ses actes.

Plus tard, lorsqu'il a connu l'amère réalité, il a perdu tout espoir. Il a trouvé de la bassesse où il s'attendait à la pureté, l'excès au lieu de la modération, la paresse au lieu de l'activité, l'indifférence et non du dévouement, la fraude au lieu de sentiments honorables. « Je croyais l'humanité meilleure qu'elle semble être », telle fut la plainte mélancolique du pèlerin. « Les principes

étaient ou bien injustes ou bien devançaient leur temps »,
telle fut la cruelle expérience du vieillard qui, sombre
et découragé, aspirait à la mort...

Nous pourrons espérer une société de liberté complète quand l'égoïsme aura disparu des cœurs, quand
l'homme trouvera plus de plaisir à se sacrifier qu'à
jouir, quand l'amour sera plus puissant que l'intérêt
personnel.

Mais, aussi longtemps que régnera l'égoïsme, l'anarchisme restera une utopie. La propagande pour la liberté individuelle ne fera que retarder le lever du soleil
sur le monde !

C'est là ce qui condamne l'anarchisme aussi au point
de vue moral.

LIVRE V

LE SOCIALISME

> « Là finira la distinction entre
> producteurs et consommateurs
> qui existe chez les civilisés. Là
> finira la plus ridicule de nos
> duplicités sociales, celle qui crée
> une classe destinée à consom-
> mer sans rien produire. »
>
> Lift up your heads, for your
> redemption draweth nigh ! » (1)·

Le socialisme que nous défendons et à qui appartient l'avenir, tient donc le milieu entre la liberté absolue de l'anarchisme et l'égalité absolue du communisme. Nous sommes convaincu que, de cette manière, nous défendons mieux l'égalité et la liberté que ceux qui se réclament de ces deux doctrines absolues. Nous l'avons démontré dans les chapitres précédents.

Nous croyons au développement de l'humanité, à la tendance vers le communisme. Le but que nous poursuivons aura pour conséquence le bonheur, le bien-être,

(1) Levez la tête, car l'heure de votre rédemption est proche.

la liberté et la moralité de tous les hommes. Ce but ne peut être atteint que graduellement, par étapes.

« L'humanité est un être collectif qui se développe. Cet être a grandi de générations en générations comme un seul homme grandit dans la succession des années. Cet être a grandi en obéissant à une loi physique, et cette loi a été celle du développement progressif » (Saint-Simon).

Si petite, si humble que soit l'humanité — puisque la terre elle-même, avec tout le système solaire, n'est qu'un grain de poussière dans l'Univers, ce but est grand. Il n'y en a pas de plus noble. Mais il ne peut être atteint que par le travail de la collectivité. C'est pourquoi l'individu doit être culbuté du piédestal où l'ont placé l'égoïsme et un fol orgueil.

L'individu n'a de valeur que comme partie de la collectivité, il n'a de droits que pour autant que ceux-ci ne sont pas contraires au bien-être général. Sans la coopération d'autres individus, son existence serait impossible, et toutes ses pensées, toutes ses passions, sa science, sa moralité et la civilisation, c'est aux autres qu'il les doit. L'instinct de la conservation est explicable et doit être pris en considération, mais d'autres influences doivent agir pour faire considérer par l'homme le sacrifice de lui-même à l'espèce comme un mobile plus noble de ses actions.

Alors l'individu sentira qu'il n'est « qu'un enfant, une partie de la société à laquelle il est redevable de toutes ses facultés et de tous ses dons, qui a le droit de lui imposer l'usage de ces facultés et de ces dons, mais dont, en retour, il peut attendre la satisfaction de toutes ses facultés » (A. Gerhard, *Dageraad*, sept. 1891).

Cet idéal ne saurait être atteint en excitant chez les hommes le sentiment individualiste. Les grains de sable sont, autant que possible, indépendants les uns des autres, et c'est pourquoi ils ne sauraient former un tout. Ce n'est que par l'étroite solidarité des intérêts que l'humanité remportera des victoires toujours plus grandes dans cette lutte pour l'existence, dans les efforts qu'elle fait vers la perfection.

Il n'y a pas d'animal qui naisse plus faible, plus incapable de pourvoir à ses propres besoins que l'homme. Donner la liberté au nouveau-né, l'abandonner à lui-même, c'est le condamner à mourir. Plus tard encore, l'absolue liberté ressemble à la liberté de la souris qui court, insouciante, et que le chat dévore. La coopération, l'assistance mutuelle seule a préservé l'humanité de la décadence. La solidarité est la source de tout droit, la base de toute morale. Plus les liens qui unissent les hommes seront étroits, plus aussi leur moralité, leur amour du prochain grandira.

Le progrès exige de chacun de nous une part active dans la lutte de tous pour tous. Dès qu'une société est formée, elle a le droit d'exiger de l'individu des sacrifices de liberté, d'argent, de temps et de sang. Cette lutte ne pouvant être menée par nos forces individuelles, nous sommes les combattants volontaires ou les serviteurs obligés de l'organe qui doit la mener pour nous. Que ce soit par sympathie ou par faiblesse que nous nous unissons, une fois l'alliance conclue, nous devons remplir les devoirs qu'elle nous impose. En travaillant ensemble, de tous nos efforts, pour le bien-être général, nous développons autant notre liberté propre que celle des autres, nous travaillons pour nous-mêmes et pour tous. Depuis que les hommes se sont réunis en groupes, leur indépendance a grandi, ils ne sont plus aussi « at mercy of natural surroundings », à la merci de leur milieu. Il n'y a pas à choisir, que ce soit librement ou par obligation, nous devons nous unir Il ne nous est pas possible de mener individuellement la lutte pour la vie, qui exige l'association sous peine de mort.

Plus notre domination des forces naturelles deviendra grande, plus aussi les moyens de subsistance que nous devons arracher à la nature afflueront, plus grande aussi deviendra notre liberté. L'association et l'organisation ne sont donc pas préjudiciables au développement individuel ; au contraire, elles conduisent vers la plus grande somme possible de liberté individuelle.

Que la liberté, la liberté individuelle absolue règne là où la réglementation n'est pas indispensable, pour ce qui ne regarde que nous-même, rien de mieux. Mais le développement complet de l'individu n'est possible que dans un milieu qui lui inspirera des idées saines, des passions nobles et qui épurera son sens moral. Le socialisme n'est pas la doctrine de la mort, c'est le culte de la vie Il favorise chez l'individu toutes les jouissances de l'esprit, du cœur et des sens, mais jamais au détriment d'autrui. Il connaît les nécessités du développement de la liberté et de l'égalité et il veut satisfaire à ces exigences afin que l'humanité puisse continuer à marcher dans la voie du progrès.

Karl Marx et Engels nous donnèrent le moyen de résoudre le problème des temps passés et de pénétrer l'histoire de la vie du peuple. Nous avons vu (chap. III) que les moyens de subsistance sont les conditions indispensables de la liberté. Aussi longtemps que quelques hommes disposaient de la nourriture, des biens, de la vie même de leurs semblables, la liberté n'était pas possible pour ceux-ci

L'homme affamé n'est pas libre. Il est l'esclave de celui qui peut lui procurer du pain et qui, par conséquent, dispose de sa vie Aussi longtemps que quelques-uns possèdent les sources mêmes de la vie, les autres sont à leur merci.

La faim fait ployer les genoux et l'instinct de la conservation force l'homme à la soumission ou à la révolte. Tout comme les fauves des bois, les hommes se livrent à des luttes sanglantes pour conquérir leur proie jusqu'à ce qu'une répartition plus juste de la nourriture donne à chacun le nécessaire.

De tous les êtres qui peuplent la terre, l'homme est le seul qui soit parvenu, après une période de temps déterminée, à se rendre maître des moyens de production. Cependant, ce n'est que lorsque celle-ci se fait dans l'intérêt général, que l'égalité des conditions est possible, que la liberté peut être donnée à tous. Alors seulement des hommes libres peupleront notre planète et n'erreront plus à la surface de cette terre que morceau par morceau, on leur a enlevé. Mais sans la

13.

possession collective des moyens de production, la grande masse des déshérités ne saurait jouir ni de la liberté, ni de l'égalité. La lutte pour l'existence doit donc être menée en commun, mais aussi dans l'intérêt de tous ceux qui participent à cette lutte.

« Maîtres, esclaves, patriciens, plébéiens, propriétaires, fermiers, oisifs, travailleurs, voilà l'histoire de l'antagonisme du passé. Association universelle, voilà l'avenir (Bazard, *Revue socialiste*, février 1887).

Si donc nous voulons la liberté, il nous faut mettre fin à la tyrannie de quelques-uns, de ceux qui ont accaparé les sources mêmes de la vie. Le gouvernement de classe doit disparaître, il faut, « par amour ou par force » (Malon) mettre un terme à son pouvoir malfaisant. Pour vaincre, l'union des déshérités est indispensable. C'est par l'union qu'on arrachera à la bourgeoisie des réformes, c'est elle qui nous permettra de triompher de ceux qui disposent de la force des armes.

Car, nous le répétons, seule la propriété peut donner la liberté. Les non-propriétaires sont et restent des esclaves. Que ce soit sous le nom d'esclaves ou de serfs, de plèbe ou de prolétaires, toujours ils furent assujettis au joug de la propriété, et la liberté resta pour eux un mot vide de sens. Au nom de l'égalité, on proclama la suppression des classes, mais l'inégalité des richesses subsista ; au nom de la liberté, les privilèges féodaux des seigneurs disparurent, mais la propriété individuelle ne fut pas abolie. Les noms des propriétaires furent changés, mais les propriétaires n'en restèrent pas moins les dominateurs des masses dépossédées et la puissance de la richesse continua à opprimer le travailleur. « Chacun pour soi », telle fut la devise. A chacun la liberté de se sauver lui-même, mais le résultat final reste le même : Les pauvres travaillent et peinent pour les riches ; ceux-ci seuls jouissent et dominent.

Ils gouvernent avec un pouvoir inconnu autrefois. L'armée, la police, les tribunaux ne sont que des instruments pour maintenir leur domination. La société actuelle est régie par une troupe de bandits armés, dont les richesses sont assez puissantes pour détruire et la liberté et la société elle-même.

Plus la législation est injuste, plus le besoin de la tyrannie se fait sentir; plus les lois sont iniques, plus elles doivent être sévères pour ceux qui les transgressent.

Les classes dirigeantes, — ce sont celles des propriétaires, — sentent et savent tout cela. Le seul but de leur législation, c'est la conservation de leurs propriétés, le renforcement de leur pouvoir. Ce n'est qu'en cas de nécessité qu'ils lâchent une partie de leur proie et c'est avec mauvaise volonté et répulsion qu'ils cèdent devant les revendications les plus urgentes. La crainte seule peut leur arracher les réformes les plus indispensables. Il n'y a donc pas de doute, ce n'est que par la force que nous aurons raison de leur résistance.

Nous aspirons ardemment à une amélioration du sort des pauvres. Nous saluerons avec joie chaque pas fait en faveur des malheureux. Nous souffririons cruellement de chaque goutte de sang répandue et c'est avec douleur que nous accomplirons la tâche que nous a dévolue l'histoire. Mais *il faut* qu'une fin soit apportée à cette misère sans nom, à ces injustices qui crient vengeance au ciel...

Et maintenant que la cause des souffrances et de l'absence de liberté est connue, nous ne pouvons pas hésiter plus longtemps. Le régime actuel conduit à la dégénérescence matérielle et morale de la classe ouvrière, à la démoralisation de la classe possédante. L'oppression, le martyre, le lent dépérissement des meilleurs de notre génération, voilà les terribles conséquences de notre régime social. Des milliers tombent chaque jour dans cette lutte pour l'existence, lutte où l'on ne verse pas de sang, mais qui n'en est pas moins meurtrière.

Une mer de souffrances tourmente et menace l'existence de millions d'êtres que l'abîme engloutit. Il n'y a pas de choix : de même qu'on ne saurait calmer la marée furieuse, de même il n'est pas possible de conjurer, d'éviter la lutte prochaine.

Heureuse l'humanité, heureux les travailleurs s'ils comprennent notre temps, si l'heure prochaine les trouve prêts à combattre pour le salut commun. « Pour se sauver, les peuples ont à peine une heure par siècle ! » (Dezamey).

Malheur à nous si, faute d'une préparation suffisante, nos efforts échouent !

Et puisqu'elle ne peut être évitée, il faut que la lutte soit dirigée par une volonté de fer. Seule l'organisation, l'union peut nous sauver. Nos adversaires sont puissants grâce à leur or, grâce à la force armée. Mais nos rangs grossissent chaque jour. Nous avons avec nous le droit et le dévouement. Que les discordes et les querelles ne viennent pas nous affaiblir ! Que tous ceux qui méprisent la tyrannie capitaliste, que tous ceux qui en souffrent se rangent derrière le même drapeau et la victoire est à nous.

Ce n'est ni par la raison, ni par la conviction, ni par des appels à la pitié et à leur amour, ce n'est pas grâce aux réunions publiques, ni grâce à l'urne électorale, que les classes dirigeantes abandonneront leurs richesses et leurs privilèges.

L'histoire ne nous donne pas un seul exemple d'une telle abnégation et la bourgeoisie lutte avec plus d'âpreté qu'aucune autre classe régnante d'autrefois pour le maintien de ses privilèges. Il n'y a que la lutte, la lutte énergique qui puisse nous faire vaincre. Et puisque des appels aux sentiments de liberté et d'humanité ne trouveraient pas d'écho dans le cœur des riches, que notre bras vengeur frappe leur tête. La violence décidera, la force encore une fois doit créer le Droit. « L'histoire du monde n'est pas une idylle. Les grands événements sont accompagnés de l'éclair et du tonnerre, du fer et du sang » (Bismarck).

Et les jours que nous vivons sont de grands jours ! Et le but que nous poursuivons est élevé ! Après les jours de désolation et de lutte, l'aube du bonheur et de la liberté se lèvera, pure et rayonnante.

« Le chaos est sombre, l'enfer est profond ; faites de la lumière et, au lieu du chaos et de l'enfer, vous verrez la terre couverte de fleurs » (Carlyle).

N'allez pas croire qu'une seule évolution résoudra tous les problèmes et fera de cette terre un paradis. L'humanité n'avance que lentement ; la route qu'elle suit est souvent tortueuse et semble parfois revenir sur elle-même. Mais chaque révolution augmente la somme de nos libertés ; chaque révolution résout une question brûlante et facilite la solution d'autres questions. Ayez confiance dans notre idéal, croyez à notre victoire, suivez les leçons de l'histoire et les enseignements de l'expérience. Défiez-vous des compagnons infidèles, ne vous laissez pas arracher les fruits de vos sacrifices et de vos luttes, fortifiez vos rangs, en attendant l'heure décisive.

Cette heure viendra, n'en doutez point. Le moment exact où elle sonnera n'est pas encore connu. Il dépend des circonstances, plus puissantes que nos volontés, du cours plus ou moins rapide du fleuve dont nous suivons les méandres. Un appel peut être fait, une révolte peut éclater, mais il ne nous est pas possible de *faire une révolution*, pas plus que nous ne saurions obliger un volcan de vomir ses laves. Notre tâche consiste à tout préparer pour la prochaine lutte, afin que notre sainte cause ne soit pas mise en péril par une hâte trop grande. Unissez-vous, organisez-vous, raffermissez votre foi dans la sainteté de votre lutte, dans la noblesse de nos principes. Ayez confiance dans vos forces et accomplissez virilement la tâche qui vous est imposée. Puisez votre courage pour le présent dans la contemplation de l'avenir. Soyez fermes pour le prochain combat. « Crois, espère ! Un jour reviendra la justice ! Ce jour s'appellera la Révolution » (Lamennais).

Dès que nous aurons saisi nos armes, alors plus de repos, plus de répit pour l'ennemi. Aussitôt que nous aurons épaulé nos fusils, nous ne les abaisserons plus que pour faire retentir les crosses sur la terre commune. Nous lutterons, nous combattrons au service de l'humanité souffrante, de la moralité, de la liberté, jusqu'à ce qu'il soit mis un terme à la misère sociale, à la corruption morale et à l'inégalité économique.

. .
. .

Ce n'est pas la liberté complète, absolue, telle que la veulent les anarchistes que nous aurons alors, mais une liberté égale pour tous. A tous les mêmes droits, mais à tous aussi les mêmes devoirs. Les limites de la liberté doivent s'étendre toujours davantage, mais toujours aussi elles doivent être les mêmes pour chacun de nous, afin qu'il n'y ait pas de privilèges.

Ce serait une illusion de croire à la possibilité immédiate d'une législation idéale, mais notre lutte est justifiée dès l'instant où elle crée des situations meilleures. L'Etat futur sera peut-être au-dessous de la tâche qu'il lui conviendrait d'accomplir, car des circonstances peuvent mettre obstacle à son développement. Mais une chose reste certaine. Plus de liberté et d'égalité n'est possible si l'on ne détruit d'abord la puissance des classes dirigeantes, si l'on ne protège les faibles contre les forts. D'une manière plus ou moins complète, l'Etat socialiste nous rapprochera de ce but et nous permettra bientôt de l'atteindre. Ce n'est qu'après le triomphe du socialisme, que l'Etat pourra devenir « une association d'égaux luttant en commun pour une existence plus facile et plus heureuse » (Aristote, *Politique*, IV, 7).

Tout ce qui peut être librement résolu par la coopération des parents, celle des amis ou des compagnons associés, sera laissé à l'initiative des groupes. Là, l'Etat et la commune interviendront le moins possible. L'autorité sera donc réduite à son minimum de pouvoir pour que la liberté atteigne, elle, le maximum. Seul le pouvoir s'exerçant dans l'intérêt général restera illimité et souverain.

Beaucoup d'autorité sera-t-elle nécessaire quand, — contrairement à ce qui existe aujourd'hui, — le peuple et le gouvernement ne feront plus qu'un et que ce dernier ne fera qu'exécuter la volonté populaire ? Le peuple n'a pas besoin d'être protégé contre lui-même et la direction des affaires publiques deviendrait relativement facile s'il était possible de connaître exactement les vœux de la population. Aussi longtemps qu'il y aura des intérêts contradictoires, — et il en sera toujours ainsi, — la minorité doit être sacrifiée à la majorité et, — si aucune autre solution n'est possible, — c'est la volonté de la majorité qui doit décider.

Il est vraisemblable que, dans les premiers temps qui suivront la Révolution, les intérêts de la classe ouvrière, que les souffrances et les luttes auront libérée, primeront les autres intérêts. Cependant, bien que la justice complète serait préférable, on comprendrait qu'après une lutte séculaire, le travailleur fît sentir sa puissance à ceux qui, pendant longtemps encore, resteront hostiles à la lutte pour l'égalité. Les ouvriers forment la partie la plus active et la plus utile de la population. Eux qui firent souvent preuve de plus de noblesse et de grandeur, exerceront, dans tous les cas, le pouvoir avec moins de cruauté que la bourgeoisie actuelle.

La classe ouvrière, si elle ne veut pas être vaincue, est bien obligée, avec ou sans suffrage universel, de défendre énergiquement son droit. Si elle ne pousse pas la lutte avec vigueur, si elle ne rend pas ses ennemis impuissants, de nouveaux temps d'oppression viendront. Son droit est donc un droit de guerre et il doit achever ses ennemis jusqu'à ce qu'il rencontre des adversaires meilleurs.

Bien des choses pourront être abandonnées à l'initiative des groupements ouvriers, aussi longtemps que les actes de ceux-ci ne seront pas en opposition avec les intérêts d'autres groupes ou d'autres individus. Dans les premiers moments il est possible que les intérêts particuliers ne se fassent jour d'une manière excessive et alors l'intervention de l'Etat sera plus nécessaire que plus tard, lorsque la révolution sera complète. Le papillon, longtemps enfermé dans son cocon, n'a pas, immédiatement après sa libération, l'usage complet de ses ailes. Mais bientôt il les déploie, il prend conscience de sa force, et il vole librement et joyeusement à travers l'espace, toujours plus haut, se reposant sur chaque fleur qui l'attire.

Le rôle de l'Etat vis-à-vis des individus dépendra donc surtout des circonstances et des individus, et ce rôle différera selon les temps et les pays.

Il serait donc insensé de vouloir le déterminer dans ses détails dès à présent. Nous ne pouvons que le donner dans ses grandes lignes et dire le principe sur lequel il reposera. Il suffit donc de donner ici une esquisse rapide de l'Etat futur, tel que nous pouvons nous le figurer actuellement.

Le but principal pour lequel les hommes se forment en société, c'est d'acquérir une force plus grande dans la lutte pour la vie. Vivre, tel est le but de chacun de nous en particulier et de la société en général.

La Société politique, c'est-à-dire le gouvernement des hommes, n'a donc d'autre raison d'être que l'économie sociale, c'est-à-dire l'administration des choses. La Société politique doit donc être soumise à la Société économique et reposer sur les deux grands principes que voici :

1º *Centralisation des forces économiques.*

2º *Décentralisation des pouvoirs politiques.*

Ce qui est plus important que tous les parlements et tous les ministères, c'est une assemblée choisie par les travailleurs de tous les métiers et appelée par B. Malon « *la Chambre économique* ». Celle-ci règle l'achat des matières premières, ralentit ou accélère la production selon les besoins, fixe le prix des marchandises et des heures de travail. Ce « Conseil économique », dont les membres seraient choisis dans toutes les associations professionnelles, serait la représentation de tous les travailleurs, un corps régulateur, dans lequel viendraient se résoudre toutes les forces politiques, et qui administrerait l'héritage social, le patrimoine

commun. La question de savoir quelle partie de ce
pouvoir sera dévolue aux groupes et aux communes,
sera résolue plus tard. Elle saurait d'autant moins être
discutée actuellement qu'il est fort probable que les organismes politiques, les communes et les provinces disparaîtront et que toute la nation se divisera en groupes
économiques.

D'autre part, la « *Chambre politique* » qui n'aura
pas à considérer les intérêts des hommes comme travailleurs, mais comme citoyens du pays, sera élue au
suffrage universel des hommes et des femmes majeurs
avec application de la représentation proportionnelle.

Elle est, dit Malon (page 186), chargée de la politique
extérieure, des arts et des sciences, des fêtes publiques,
de la justice et de la police.

Par le *referendum*, le peuple tient en main le pouvoir.
Lorsque d'ailleurs, par suite d'une plus grande décentralisation, il ne restera plus que le moins de pouvoir
possible entre les mains de quelques hommes et qu'il
sera donné à chacun des groupes de la fédération la
plus grande indépendance, la tyrannie de l'Etat ne sera
plus guère à craindre. Pour tout ce qui ne concerne pas
la collectivité, ce sont les unités qui décident. On ne
défendra que ce qui est préjudiciable au bien être général. Le gouvernement est partout. Les groupes forment des communes ou des circonscriptions ; les
groupes locaux ou communaux forment entre eux des
fédérations régionales et celles-ci des fédérations na
tionales, internationales et -- plus tard — planétaires.
Le principe de chaque loi sera donc déterminé par la

majorité de la population. Les hommes compétents donneront à ce principe la forme voulue. D'autres hommes ou d'autres groupes seront chargés de l'exécution des lois et n'acquerront de ce chef pas plus de pouvoir que n'en a le cocher qui, bien qu'il tienne les rênes du cheval, ne saurait décider de quel côté son maître se dirigera.

Là où sera possible un autre mode de prendre une décision que le vote à la majorité, on agira en conséquence. Comme la *Chambre politique* se subdivisera en un certain nombre de Conseils compétents, chacun ne devra plus, comme aujourd'hui, se prononcer sur toutes les questions, même sur celles qu'il ne connaît pas. Une opinion publique très développée et très puissante se prononcera spontanément sur les affaires de droit et de morale, d'autant plus que la prostitution de la presse aura pris fin. Nous le répétons encore une fois, le rôle du « Conseil politique » aura de moins en moins d'importance. Ce que le parti de la propriété n'aura pas su accomplir, le parti du travail le réalisera. Un jour l'Etat politique pourra disparaître complètement pour faire place à l'organisation économique des travailleurs du monde, libres, fédérés et solidaires. Cependant cette époque est encore lointaine...

L'Etat, c'est-à-dire le pouvoir despotique disparaîtra, il périra et « l'heure viendra où le soleil n'éclairera plus que des hommes libres, qui n'auront plus d'autre maître que leur raison » (Condorcet).

Mais avant cela, l'amélioration morale des individus est nécessaire et à cette amélioration le socialisme travaillera puissamment.

L'individu doit apprendre à limiter ses droits et ses libertés, car inévitablement ce que l'un exige en trop, manquera à un autre. Nos droits vis-à-vis de la collectivité croîtront tandis que les droits individuels réciproques seront réduits contrairement à ce qui se produit actuellement. Chaque groupe sera soumis aux mêmes règles d'après les exigences de la justice et des nécessités. Personne ne pourra s'appuyer sur les lois ou sur les pouvoirs publics pour miner l'égalité des citoyens devant la loi. Plus de privilèges, donc plus d'injustices.

Il n'est pas juste d'opposer l'Etat à l'individu, ni de considérer l'individu comme un ennemi de l'Etat. Celui-ci doit veiller à ce que nous ayons tous les moyens de vivre, de nous développer, de nous civiliser, de nous élever. « L'Etat est le plus puissant agent de civilisation et de progrès. La liberté de l'individu doit être respectée et stimulée, mais il faut qu'elle soit soumise à la morale et à l'équité»(Emile de Laveleye).Donc pas d'autres restrictions à la liberté privée que celles qui sont favorables au bonheur commun et à la morale.

Ces restrictions, chacun les comprendra, et elles auront une influence heureuse sur les caractères. D'autres hommes naîtront, les sentiments de dévouement, de désintéressement et de solidarité se seront développés. A la place de l'égoïsme d'aujourd'hui, on verra l'amour pour le bien être général et « quand la fraternité sera dans vos cœurs, elle ne tardera pas à s'introduire dans vos lois » (Lamennais).

L'indépendance économique est donc l'élément indispensable de la liberté et de l'égalité, l'éducation morale peut puissamment aider à éveiller les sentiments de sympathie et à nous rendre dignes de plus de liberté. De la sympathie au respect du droit d'autrui, la distance n'est pas grande et il n'y a pas de meilleur moyen de faire respecter son propre droit que de montrer du respect pour le droit des autres. Ce ne sont pas les penchants individualistes, mais la solidarité et la sociabilité qui purifieront notre conception du droit.

Les beaux côtés du caractère d'un individu doivent être encouragés et il est nécessaire que celui-ci puisse développer librement ses facultés et travailler à son perfectionnement. Mais les intérêts et le perfectionnement de l'humanité restent le but essentiel. Pour ceux-ci, il doit mettre en œuvre toutes ses capacités, il faut qu'il travaille.

Quand il aura appris à consacrer à la société toutes ses forces, il recevra d'elle sa récompense d'après son travail. Bientôt, l'étape à franchir : « A chacun selon ses facultés » ne sera plus qu'un petit repos sur le chemin du progrès, mais avec les hommes tels que nous les connaissons, cette étape ne saurait être brûlée sans de grands dangers. Cependant, une fois que la lutte pour l'existence sera devenue moins difficile, avec l'égalité des conditions, la moralité de tous grandira et alors le communisme et la liberté deviendront possibles. Avec bien plus de conviction que n'en mettait le chevalier du moyen âge lorsqu'il affranchissait un serf, le socialisme pourra toucher de son épée libératrice l'épaule de l'opprimé en disant : « je te donne franchise devant Dieu ! »

Le but de la sainte révolution est donc multiple. Non seulement la science et l'art prendront des formes nouvelles (1), non seulement les réformes dans le domaine économique mettront fin à la lutte entre le capital et le travail, et les réformes politiques entre l'Etat et la Société, mais c'est surtout dans le domaine de la morale que le progrès sera considérable.

Il y a quelque chose de plus triste que la misère matérielle, c'est la démoralisation qu'amène avec elle l'inégalité des richesses. Celle-ci tue dans le cœur des riches tous les sentiments qui rapprochent les hommes : la bienveillance, l'amour, l'amitié, la pitié, la justice ne sauraient exister entre les deux « castes » qui divisent nos pays et qu'un abîme sépare. D'un côté, on voit se lever l'ambition, l'orgueil et l'égoïsme ; de l'autre côté, l'envie, la jalousie et la haine. Tous les moyens sont bons au privilégié pour protéger une propriété qu'il ose déclarer sainte ! Comme si cet homme orgueilleux et impitoyable avait un droit quelconque sur ces richesses, alors que le déshérité meurt de faim devant sa porte ! Si la fortune est fatale aux jouisseurs qu'elle condamne aux excès, à la paresse et à l'ennui, la misère, elle, conduit ses victimes à la dégénérescence, à l'ivrognerie, à la grossièreté et fait naître dans les cœurs la jalousie et la vengeance. Le tyran et l'esclave souffrent également de cette situation.

Leurs plus nobles facultés s'émoussent, facultés qui se développeraient considérablement dans une société

(1) Richard Wagner : La révolution donnera à l'homme la puissance, l'art et la beauté (*Kunst und Revolution*).

qui ne connaîtrait plus ni maîtres ni valets, mais seulement des semblables.

Le sentiment de la personnalité, de la liberté, ne peut se produire que lorsque le pauvre sera certain d'avoir une nourriture, des vêtements et une habitation convenables.

Aussi longtemps que cette question « Comment vivrais-je demain ? » se posera devant lui, aussi longtemps qu'elle prendra tous ses soins et que le travail de ses mains prendra tout son temps, la culture morale ne sera pas possible pour lui. Tout ce qui l'entoure l'opprime, pas une influence heureuse n'agit sur son caractère ; partout il voit et il sent l'injustice, et la main du riche lui pèse lourdement sur l'épaule quand, entrant dans les rangs du socialisme, il se révolte contre ses longues souffrances, lorsqu'il veut défendre son bon droit et améliorer son avenir. Et cependant, ce n'est que dans la révolte contre l'injustice régnante et contre la démoralisation qu'il peut trouver le salut. Oui, c'est ainsi seulement qu'il peut espérer sortir de sa misère et devenir susceptible des nobles passions, plus nobles que celles de l'intérêt privé, qui peut être un aiguillon, mais qui ne saurait être le mobile de nos actions.

A côté de l'instinct de la conservation, nous avons en nous les germes du renoncement, du sacrifice et du dévouement, qui ne demandent que des circonstances favorables pour éclore et pour croître puissamment.

Déjà maintenant, le soldat meurt avec joie sur le champ de bataille, et offre sa vie, non pour le bien-être de la collectivité, mais dans un but sanguinaire. Quand

les efforts que l'on se donne pour le besoin de l'existence ne seront plus nécessaires, quand, par la coopération on aura obtenu plus d'avantages et de jouissances,
quand l'abîme qui sépare actuellement les hommes
sera comblé, alors les relations sociales créeront des
liens plus étroits, liens d'amour et de dévouement. L'é-
goïsme et la haine sont des conséquences actuelles de
notre organisation sociale, l'altruisme et l'amour naîtront du régime socialiste. Les modifications dans les
conditions de la vie influeront sur nos coutumes, sur
nos sentiments, élèveront notre moralité, car la morale
est une conséquence des situations économiques.

Avec la division de la société en classes ennemies, en
riches et en pauvres, est née une morale de classe, une
doctrine spéciale pour les privilégiés et pour les déshérités, que de nos jours on désigne sous les noms de morale bourgeoise et de morale ouvrière. Les classes dirigeantes font défendre leurs privilégiés par les prêtres et
par les philosophes, elles ne reculent devant aucun
moyen pour sanctifier la propriété et pour accroître
leurs richesses. Elles voient sans aucun remords des
milliers d'hommes périr, les familles ruinées, la femme
réduite à l'état de bête de somme. Elles obligent les
pauvres à défendre le butin de leurs oppresseurs. Lorsque leurs richesses sont menacées, elles rejettent tous
sentiments humains et elles font preuve — Commune
de Paris, assassinats légaux de Chicago — d'une cruauté
sans exemple dans l'histoire.

La classe opprimée estima longtemps que son devoir
lui commandait de se soumettre avec résignation à son

sort et de s'en contenter dans l'espoir des récompenses célestes. Maintenant que cette dernière consolation lui est enlevée, elle se rallie à *la morale de la révolte* ; elle gagne la conscience de son *droit* (1) : abattre par la force la tyrannie. Elle saura user de son droit et remplir son devoir. « Il est des circonstances, qui ne permettent à un organisme dépérissant et malade que de se sauver par une révolution physiologique, par une crise, un accès de fièvre bienfaisante, une transformation rapide et radicale du mode de vie qui le condamnait à la mort ». «La révolution est une évolution qui se prépare de longue main, qui semble éclater soudainement, mais qui, en réalité, ne fait que donner libre cours à des forces développées lentement. L'orage s'amoncèle pendant de longues années, il éclate un jour et le ciel reprend aussitôt sa sérénité » (Alfred Fouillée, *Revue des Deux-Mondes*, 15 juillet 1879). Du sein du peuple donc surgiront les notions de la morale de l'avenir, car toujours la civilisation monte du bas vers le haut. Presque tous les grands réformateurs, tous les fondateurs de religion (et les religions sont souvent un produit des besoins d'émancipation) ont appartenu aux classes inférieures.

(1) *Bluntschli* reconnaît ce droit, la légitimité de la révolution : « Quand toutes les voies pour obtenir une amélioration sont coupées, la révolution est légitimée par la nécessité de l'évolution ou par le bien public ».

Niebuhr lui-même, le conservateur ranci, dont le cœur saigna en apprenant la révolution de 1830, écrit : « quand un peuple est malmené et terrorisé sans espoir d'amélioration, quand le tyran méconnaît tous les droits, la révolution est tout aussi légitime que tout autre acte. Il faut être un misérable pour le contester ».

Malgré toutes les influences de dégradation, la fraternité humaine ne cessa d'avoir son refuge le plus sûr parmi les pauvres. « Au milieu d'un société cupide et sans foi, le désintéressement n'avait pas cessé d'être la vertu des pauvres » (L. Blanc). Dans les domaines scientifiques et intellectuels le progrès fut considérable, la morale n'a pas suivi du même pas ; elle resta en arrière et le danger de voir s'accentuer la démoralisation du monde ne peut être écarté que par la victoire du socialisme. Ce n'est pas seulement en vue de mettre fin à la misère que *la propriété collective des moyens de production* (les instruments de travail et les matières premières) est une nécessité impérieuse, mais aussi d'un point de vue moral.

Par le travail collectif, les hommes se rapprocheront, leurs sentiments de paix et d'entente s'éveilleront. Une foule de méfaits, motivés par le besoin et l'envie, disparaîtront pour toujours, parce que la cause en aura disparu. Au début, ce ne sera pas l'abondance ; mais une existence convenable sera assurée à tous ceux qui fourniront à la société leurs forces, leurs talents et leurs capacités. Quiconque travaille, recevra de quoi pourvoir à ses besoins, obtiendra une rémunération en rapport avec ses efforts, par laquelle la vie des enfants, des vieillards, ou de tous ceux qui ne seront pas coupables vis-à-vis de la collectivité, sera garantie.

La propriété collective des instruments de travail, l'association dans le travail doit fortifier le sentiment de solidarité qui unit tous les hommes. Ce n'est pas l'individu, mais la collectivité qui doit rassembler, conserver, transporter et répartir les produits du travail public. Ce ne sont pas les visées personnelles, ni les intérêts égoïstes qui décideront du mode et de la quantité de la production ; une force sociale bien organisée aura la mission de régler et de diriger la production, de répartir les produits en toute équité.

En résumé donc : production collective, d'après un plan élaboré d'avance, conformément aux désirs et aux besoins des consommateurs, qui en jouissent proportionnellement à leur travail.

C'est là une exigence de l'*égalité* et de la moralité pour ce qui concerne la production, une exigence de la *liberté* pour ce qui concerne la consommation. Car la liberté individuelle réclame toujours une appropriation privée des produits qui peuvent être utilisés individuellement sans nuire à l'intérêt collectif. Il existe des exceptions, mais en général chacun restera libre de se vêtir, de se nourrir, de se loger et de vivre comme il l'entend, et de conserver aussi la libre disposition de sa part de la masse produite, qui, en tout cas, ne peut devenir une source d'exploitation du travail des autres. Si un jour cette part personnelle devient assez considérable pour que chacun ait ce qu'il désire, si la puissance productrice prend un essor tel que tous — grâce à quelques heures de travail — puissent vivre, alors les jouissances seront si grandes et les charges si minimes, que chacun consommera librement, indépendamment du travail fourni, pourvu cependant qu'il y ait travail fourni. Quand quelques heures de travail physique seront le délassement des plaisirs intellectuels, quand le

travail sera devenu un jeu, l'obligation du travail sera
une jouissance et la consommation d'après les besoins
deviendra la loi. Aujourd'hui, cette formule peut trouver son application, sans pression tyrannique, dans l'é-
lite de l'humanité seule et celle-ci ne subira pas l'in-
terdiction de suivre le mode de répartition communiste.

Pour la grande majorité des êtres, ce qu'on peut réclamer, c'est une juste répartition entre tous ceux qui
travaillent volontairement ; aussi cette réforme doit-elle
être notre premier objectif.

Que cette réglementation socialiste, cet Etat populaire
ait des défauts, des imperfections, malgré tout, il sera
cher à ceux qu'il aura arrachés à la misère ; il sera sacré
pour tous ceux qu'il aura aidés à briser les chaînes serviles et à obtenir une somme d'égalité et de liberté
compatible avec le développement de l'homme et de
l'industrie.

Ce n'est qu'avec des conditions égales de vie qu'on peut
parler d'égalité de droits. Les hommes naissent inégaux
en force, talent et caractère ; mais ce sera un immense
bienfait que de faire disparaître l'inégalité artificielle
et de diminuer l'inégalité naturelle en procurant à tous,
dans une mesure égale, les moyens d'existence, l'éducation et l'instruction. Chaque génération qui naîtra
sous le soleil de l'égalité, transmettra à la suivante de
plus nobles qualités ; tout individu sera en mesure de
devenir meilleur que son ancêtre. Bien que personne
ne vivra du travail d'autrui, à moins qu'il ne sache pas
travailler, la division du travail, l'éducation intégrale
permettront à toutes les aptitudes, à tous les goûts, à

tous les penchants de se faire jour. Si on ne peut méconnaître entièrement les dispositions, vu que certaines fonctions ne pourront nécessairement pas être exercées par certaines personnes (1), il restera cependant assez de choix pour tous, et ce choix s'étendra à mesure que nos forces productives réaliseront un type supérieur et que notre domination sur les machines et les forces naturelles deviendra plus complète.

La vraie égalité ne subit aucune atteinte parce que chacun dispose sur la production collective d'après ses *œuvres*, et non d'après ses besoins. Sans cela, celui qui aurait les besoins les plus étendues et les plus raffinés, jouirait le plus, quoique les besoins n'aient trait qu'à un individu et que leur satisfaction égoïste ne présente aucun intérêt social.

Toutefois les besoins sociaux, les besoins scientifiques, artistiques, esthétiques, les besoins de l'enseignement et de l'hygiène, etc.., etc.., seront stimulés et satisfaits dans une mesure dont nous n'avons pas d'idée avec nos rares musées, parcs et bibliothèques. S'il s'en trouvait pour appliquer *entre eux* la répartition communiste, rien ne serait plus louable. Quelque grandes que soient les tentations et les difficultés, les bons en deviendront meilleurs et les hommes ordinaires et mauvais en deviendront plus rarement mauvais. La fraternité du communiste — ne l'oublions pas — constitue un degré de civilisation supérieure à la justice du collectivisme, un degré de moralité, qui peut-être sera

(1) Ainsi, un sourd ne pourra devenir chef d'orchestre, un aveugle devenir maître de dessin, etc.

atteint plus tôt que nous le croyons, si l'évolution se poursuit.

Maintenant déjà, on discerne de nombreux traits de cet esprit élevé de la plus parfaite égalité et de la fraternité. Et qu'on n'oublie pas que, de même que l'accroissement de liberté fait accroître le désir de liberté, l'accroissement d'égalité appelle plus d'égalité encore.

Provisoirement la consommation doit bien rester individuelle, si nous ne voulons pas restreindre inutilement la liberté du ménage et de la vie familiale. Tant que notre cercle étroit de la famille ne se sera pas élargi jusqu'à devenir le cercle étendu de la sympathie intime, aussi longtemps aussi les maisons communes, genre de casernes, les tables ouvertes des repas communs, le vêtement égalitaire nous déplairont ! La liberté des professions, la liberté du travail et de consommation sont notre droit actuel et le resteront, jusqu'à ce qu'une conception plus élevée du communisme et de la fraternité nous fasse choisir le travail le plus dur, en vue de laisser aux autres plus d'occasions de jouir et qu'une moralité plus haute nous rendra plus indifférent vis-à-vis de la vie matérielle. Provisoirement, le salaire d'après le travail, et la jouissance d'après les mérites est la seule formule pratique.

C'est cette organisation sociale, qui assurerait à tous une vie insoucieuse en échange d'un travail modéré, que Herbert Spencer ose qualifier « L'esclavage futur ». Un esclave, dit-il en substance, est une personne forcée de travailler pour une autre. Antérieurement, tout ce qu'il produisait appartenait à son maître, qui se contentait de le nourrir ; plus tard il dut prester le travail de quelques jours ; ce n'est que longtemps après qu'il put vendre ses produits, afin de payer son maître en argent et de s'acquitter de ses contributions annuelles. Ce ne sont là que des formes différentes de l'esclavage : soit que l'individu travaille pour un maître, un propriétaire ou une communauté, toujours il travaille pour un autre et reçoit ce qu'on veut bien lui donner. Donc, tout socialisme implique l'esclavage ».

Est-il nécessaire de faire ressortir le malfondé de cette thèse, car dans l'état socialiste on ne travaille pas pour un autre, mais pour tous (donc aussi pour soi-même) ; on ne reçoit pas de la communauté ce qu'elle veut vous donner, mais ce qui vous   ient en toute justice ; enfin, là où tous jouissent de libertés et de droits égaux et n'ont pas d'autre maître que l'intérêt général, il ne peut être question d'esclavage. Le socialisme signifie précisément : libération du joug servile du travail pour autrui, mise à l'abri de la misère, de la faim, des soucis et de l'ignorance, liberté de l'existence et de la jouissance, liberté de travailler à l'ennoblissement de son être. Le socialiste donne à tous le bien-être, et le bien-être, c'est la liberté. « L'aisance, c'est la liberté, et la liberté des peuples est la mort des gouvernements » (Machiavel). Qu'Herbert Spencer se tranquillise, les soldats du socialisme tirent le glaive au cri de « l'égalité pour tous », parce qu'ils savent que par là s'augmente sa liberté, la vraie liberté qui, malgré son constant développement, ne peut encore être la liberté absolue, parce qu'elle serait fatale à l'humanité.

La liberté utopique de Spencer, des anarchistes et des économistes orthodoxes aurait surtout des conséquences funestes dans notre période de lutte et de transition vers une nouvelle forme de civilisation.

.·.

Ce n'est qu'après la fin de la lutte, que la liberté et l'égalité pourront se développer sans trouble. Durant le combat, nous le répétons, une forte discipline sera nécessaire, et les ordres des chefs devront être suivis fidèlement. Pendant qu'on livre bataille, on n'a pas le temps de délibérer, il faut agir. Si ceux à qui on aura confié la direction du combat n'ont pas d'autorité, pas une force suffisante pour imposer leur volonté, la victoire est impossible. L'histoire des révoltes avortées ne le prouve que trop éloquemment.

Dans la période de calme et de paix, lorsque l'égalité aura triomphé, c'est la masse qui gouverne et décide, ou au moins la majorité. En temps de guerre, comme sur un bateau, tous doivent exécuter simultanément les ordres d'un seul et il se peut qu'un despotisme soit temporairement nécessaire. Mais les chefs, à qui nous confions le gouvernail, sont élus par nous. On ne leur a concédé l'autorité, à eux, les meilleurs entre les bons, que parce que la victoire l'exige. Mais cette mesure provisoire est-elle autre chose que la soumission collective à la volonté collective, dont quelques-uns sont l'organe exécutif? Quelque méprisable que cela puisse paraître aux yeux des « individual sovereigns », n'est-ce pas là une nécessité pour toute association ? Au moment où tout dépend de la virilité, où toute défaillance est fatale, où tout retard peut conduire à l'insuccès, irons-nous, sous prétexte de liberté, rendre impossible l'action collective ? La liberté est-elle donc la loi primordiale et universelle de la vie humaine ? Ou bien le bonheur, la sociabilité, l'amour et l'esprit de sacrifice n'ont-ils pas autant ou plus de valeur, digne de l'effort de l'humanité ? Il est certain que là où la chose est nécessaire, nous devons maintenir notre liberté ; mais, lorsque le besoin s'en fait sentir, nous devons être prêts à faire le sacrifice de notre vie et de notre liberté sur l'autel de la guerre sainte.

Il faut toujours veiller à ce que la volonté de tous ne se résolve pas dans l'arbitraire de quelques-uns. Les chefs les plus dignes de confiance sont soumis au contrôle de tous, et — nous l'avons déjà dit précédemment — il faut frapper impitoyablement tout manquement à cette confiance. Ce n'est pas le privilège de la naissance ou de la fortune qui les a élevés au rang de chef ; c'est uniquement à leur dévouement, à leur moralité, à leur énergie ou à leur science qu'ils doivent l'honneur d'être placés à notre tête au moment du combat. Une telle discipline n'est pas de l'esclavage ; elle n'est que l'indice du bon sens, de la conscience qu'ont tous de se soumettre devant la lutte à une autorité spéciale, comme l'est dans la vie quotidienne un médecin, un ingénieur ou un chimiste. Nous sommes entourés d'écueils, le moindre écart peut amener un naufrage. Qui donc ne se soumettra pas volontiers à la décision de celui qui connaît les écueils et les récifs,

Nous n'ignorons pas l'immense différence de la conception aristocratique de la soumission, en vertu de laquelle les ordres de quelques oppresseurs privilégiés doivent être exécutés toujours et en tout, et le sentiment démocratique de l'obéissance, dans un cas déterminé, à des hommes désignés par nous-mêmes.

Non, ce n'est pas faire preuve de faiblesse que de consentir à ce sacrifice à l'humanité, c'est faire preuve de force. Quand on est convaincu de la nécessité de l'union dans la lutte, il est courageux de subordonner ses préférences personnelles aux vues de celui qui a la confiance de la majorité.

Déjà, dès maintenant, nous pourrons donner maintes preuves de la fidélité avec laquelle sont observées les décisions de la majorité dans de nombreuses associations ouvrières. Rien ne lie les membres de la minorité, rien ne les oblige à rester, mais le sentiment de l'union est plus fort que les sentiments particularistes et de l'opposition. Pour les maîtres de l'avenir, il n'y a pas de meilleur moyen d'éducation que les sociétés coopératives, qui développent la solidarité, qui démontrent qu'une direction est souvent nécessaire, qu'il faut un bras puissant et une volonté de fer pour conduire la barque à bon port, là où toute direction deviendra superflue. Plus encore que dans notre lutte contre la nature, la lutte contre la bourgeoisie exige notre indissoluble union. Comme dans l'industrie, la lutte exigera qu'il soit mis des bornes à notre initiative, à notre volonté individuelle. Chaque violation de ce devoir doit être sévèrement interdite, chaque branche nuisible doit être coupée. Si nous poursuivons la liberté, c'est parce qu'elle est appelée à relever l'homme, à le rendre meilleur. Cependant, si cette liberté, par mauvaise volonté ou manque d'intelligence, devait se transformer en une arme dangereuse pour la collectivité, celle-ci a le droit de se protéger contre elle.

Le progrès social ne se produit ni continuellement, ni régulièrement. Contre les recrudescences de la barbarie, contre le sort de tant de civilisations disparues, nous ne sommes point garantis, parce que nos mains peuvent être trop faibles pour accomplir la tâche qui nous est imposée par notre siècle. Si, par indiscipline, nous succombons dans la lutte, si la liberté, que nous estimons devoir être illimitée, rend toute union impossible, il peut se passer du temps avant que l'histoire puisse inscrire dans ses annales une période de progrès. Si, au contraire, nous comprenons la gravité de notre temps, si nous comprenons que nous ne formons qu'une subdivision de l'humanité qui aspire et qui lutte pour une civilisation supérieure et cela contre la puissance du passé, la discipline que nous désirons surgira toute seule. Le soldat fait pour son drapeau le sacrifice de sa liberté et de sa vie ; le missionnaire sacrifie tout pour aller dans les contrées lointaines, au milieu des populations sauvages, prêcher sa religion ; le sauveteur traverse les flammes de l'incendie pour rendre un nouveau-né à sa mère, se jette au milieu des vagues de la mer pour sauver un noyé. Et nous, socialistes, qui luttons pour le plus noble idéal que l'histoire de l'humanité ait jamais connu, nous hésite-

rions un seul instant à soumettre la liberté de nos petites personnalités aux nécessités de la lutte pour notre
idéal ! Celui qui a regardé souvent la mort en face
apprend à ne plus la craindre. De même, l'absence
temporaire de la liberté nous effrayera moins, si nous
savons faire ce sacrifice volontairement, joyeusement.
Un tel sacrifice élèvera nos cœurs quand nous pourrons
dire : Notre but est de travailler pour la liberté et l'égalité de tous ; mais ce serait devancer notre temps que
de vouloir réaliser ce but dès à présent et pour toutes
les circonstances.

Nous sommes profondément convaincu que la liberté complète n'est possible que lorsque toutes les passions seront devenues harmoniques et tous les intérêts
communs. Cela peut être, cela sera la conséquence de
notre lutte, mais il ne faut pas que ce soit notre but
immédiat. C'est surtout pour les jours qui sont proches
que notre volonté doit s'incliner devant la volonté de la
collectivité. A ceux qui sont appelés à nous conduire,
nous promettons fidélité et soumission et nous leur disons : « Hommes ennoblis par le choix du peuple, mon-
trez-nous le chemin, nous vous suivons. »

.·.

Nous sommes sur la bonne voie, car notre lutte doit
être considérée comme une étape dans la direction de
notre idéal, l'étoile lointaine qui toujours doit nous guider. On peut ergoter avec des connaissances superfi-
cielles et une apparente profondeur de pensée sur la li-

berté et l'autorité, mais il est bien plus urgent de détruire les causes qui, en développant l'envie et l'égoïsme, rendent l'autorité nécessaire.

Garantissez à chacun une vie raisonnable en échange de son travail, harmonisez tous les intérêts, mettez les hommes en rapports constants entre eux, apprenez-leur à travailler en commun pour un but commun, et la société *doit* progresser. Celui-là travaille le plus pour le peuple, qui sait éveiller le sacrifice de l'individu pour la collectivité, qui prépare une large voie à la solidarité humaine, qui sait déterminer les limites de la liberté individuelle, qui sait harmoniser cette liberté avec les nécessités sociales, qui, luttant pour la perfection toujours plus complète de l'individu, fait triompher l'amour de l'égoïsme.

Le bon plaisir d'un législateur n'est pas capable de continuer à imposer à un peuple un système invariable. Un législateur sage écoutera les vœux de son temps, il s'efforcera d'écarter les obstacles qui obstruent la voie de la civilisation et il attendra avec calme les conséquences des mesures qu'il a prises. La société future ne se laissera pas étrangler par le collier que les penseurs de l'abstraction comptent lui mettre. Ce sont les besoins et les exigences du moment qui décideront. L'organisation de demain ne sera pas l'œuvre de quelques-uns, mais l'œuvre de tous. Nous ne saurions dès à présent indiquer avec précision quelle sera la puissance et les sinuosités du fleuve qui, né d'une petite source, nourri de nombreux ruisseaux, coule vers la plaine. Ce que nous savons, c'est que rien ne peut le retenir, c'est qu'on ne saurait l'empêcher de se creuser un lit vers la mer qu'il cherche.

Les nombreuses et variables influences auxquelles l'humanité est exposée et qui retardent ou accélèrent, et toujours modifient sa marche, nous ont empêché dans ce court exposé de nos principes, de développer davantage le point de vue auquel nous venons de nous mettre. Mais si on en exprimait le désir, nous examinerions toutes ces considérations, que les découvertes, les inventions, les événements historiques peuvent exercer une influence énorme, non dans la destruction du mouvement, mais sur sa rapidité plus ou moins grande et que ce n'est qu'un avenir relativement rapproché de nous qui saurait être esquissé avec une certaine précision. La résistance des partis réactionnaires peut enrayer momentanément le progrès, peut même le faire reculer, mais après, sa marche deviendra d'autant plus rapide. La puissance de production peut devenir tellement grande que l'abondance des moyens de subsistance rendra la distribution de ceux-ci aussi inutile que la répartition de l'eau et de l'air. C'est ainsi qu'un grand nombre de circonstances peuvent ralentir ou accélérer l'application de nos principes. Les principes eux-mêmes n'en sauraient être atteints.

Pour la première fois, au cours de l'histoire, entre sur la scène du monde un parti qui, conscient de son but et de l'œuvre à accomplir, part d'un principe indestructible que nous avons examiné sous ses trois points de vue, historique, économique et moral ou éthique.

***

L'examen rapide que nous avons fait de l'histoire réelle de l'humanité, nous a montré que l'absolutisme de l'Etat et l'esclavage sont les conséquences de la propriété individuelle.; que, par conséquent, la liberté ne saurait être conquise qu'avec la possession des moyens de production, que le bien-être et la liberté ne sauraient être réalisés que le jour où ils ne serviront plus de moyens d'exploitation du travailleur ; que continuellement, des groupes nouveaux et toujours plus nombreux se rendent maîtres de notre terre et de ses productions et que, par là, ils acquièrent la puissance nécessaire pour tenir les déshérités sous le joug.

Le chemin du salut est indiqué. L'heure de la délivrance va venir. Chaque fois que des situations avaient abouti à leurs conséquences extrêmes, chaque fois que le dépouillement de la masse avait pris des proportions trop grandes et que le bonheur et la souffrance de tous dépendaient de quelques-uns, l'heure de la révolte sonna et la tyrannie prit fin. Aujourd'hui l'oppression du capitalisme est devenue insupportable et sa chute est proche. La classe ouvrière finira par faire valoir ses droits et comme elle a le plus grand intérêt à enrôler pour sa lutte presque toute l'humanité civilisée, sa délivrance à elle sera aussi celle de tous ceux qui, en ce moment-là, seront en état de jouir du régime nouveau.

Bien que l'avenir doive être plus beau que le passé, la révolution prolétarienne ne mettra pas fin à toute lutte et à toute insécurité. De nouveaux abus nécessiteront de nouvelles réformes. Cependant le développement de l'humanité prendra toujours des formes plus élevées, bien qu'un idéal complet de liberté, d'égalité et de bien-être ne saurait être atteint avant de longs siècles. Il n'est pas possible de dire combien de temps l'humanité a encore à subsister. Seule l'astronomie pourrait plus ou moins nous renseigner à ce sujet. Elle prétend que des millions et des milliards d'années nous séparent de la disparition de notre humanité. Le progrès, dont la marche deviendra de plus en plus rapide, a donc le temps d'atteindre un sommet que le génie le plus profond ne saurait aujourd'hui imaginer.

C'est à peine si nous avons parcouru un bout de chemin, et cependant nous nous trouvons devant un des plus grands événements qui aura pour conséquence de faire encore avancer d'un pas la civilisation, la moralité et la liberté. En ces temps de crise on voit surgir des héros qui, sentant violemment l'injustice, luttent pour le droit, armés d'une volonté de fer. Notre mouvement débute à peine et déjà nous pouvons montrer chez nombre de nos martyrs leur enthousiasme pour la justice. Le socialisme scientifique nous donne la foi dans l'avenir, la propagande socialiste fait renaître l'espérance aux cœurs des pauvres et l'amour du droit et de l'humanité fait mépriser la mort par nos combattants.

Le capitalisme est condamné, les bourreaux sont trouvés, le jugement ne tardera pas à être rendu aux acclamations des millions d'êtres que le régime social condamnait à la misère et à la souffrance.

Au point de vue économique, il y a pour la vie humaine deux sources : la nature et le travail. La nature nous fait don des matières premières et des forces naturelles.Le travail sait employer ces forces et rendre les matières premières propres à notre usage. Donc, d'une part, les *matières premières* et, d'autre part, les *moyens de travail* forment les moyens de production de l'humanité. Et les valeurs d'usage qui sont ainsi créées, voilà les moyens de vie et de jouissance dont l'humanité peut disposer.

Actuellement, le travail n'est productif, nous disons même n'est possible, que par la coopération et l'association. Il devient de moins en moins individuel et de plus en plus collectif. Les moyens de production, qui sont la propriété inaliénable de tous, doivent donc être appliqués à tous et les produits devenir la propriété de la société. Si chacun faisait toujours son devoir et remplissait sa tâche, la répartition égale et libre des richesses ne serait pas une injustice. S'il y avait abondance de richesses, la formule : « A chacun selon ses besoins » trouverait naturellement son application. Comme aucune de ces deux conditions ne sera remplie, la répartition des produits doit se faire selon les règles qui, d'après nos conceptions actuelles de la vie humaine, sont les plus justes, c'est-à-dire, chacun selon *son travail* ou plus exactement selon *ses efforts*. La manière dont les richesses doivent être employées peut en grande partie être laissée au libre choix de l'individu. Dans le choix des professions également, il faut laisser à l'individu le plus de liberté possible. Grâce au développement du machinisme, la division actuelle des professions disparaîtra en partie. Un jour, on travaillera la terre avec la charrue mue par la vapeur, un autre jour, on tissera, on confectionnera des étoffes et des vêtements. La distinction entre le travail manuel et le travail cérébral, entre le travail des villes et celui des campagnes n'aura plus de raison d'être. Le développement intégral rendra, comme dans les siècles antérieurs, l'homme propre à plusieurs travaux. Le temps de travail sera court. les ateliers et les fabriques seront agréables, une noble émulation règnera. Enfin, il n'y a pas de doute, l'individu jouira de la liberté des professions, car l'activité humaine sera grande et sacrée et la propriété privée des objets de consommations donnera à chacun la complète liberté de vivre à sa guise.

Indépendant de la puissance du capital et de celle de l'Etat, chacun travaillera dans une plus large mesure qu'aujourd'hui pour la collectivité, car il aura la certitude qu'un travail modéré et agréable lui donnera généreusement de quoi vivre et de quoi jouir des moyens de subsistance nécessaires pour entretenir son corps et élever son intelligence, car seul un corps sain, avec une vie exempte de soucis, peut loger un esprit sain.

On ne formera des hommes et des femmes de caractère, des êtres libres, qu'en respectant le sentiment de liberté individuelle, quand les intérêts de la collectivité ne sont pas en jeu.

La faim et l'abondance démoralisent ; mais le bien-être favorise le développement moral. C'est pourquoi, même au point de vue individuel, c'est le socialisme qui offre les conditions les plus nombreuses et les plus complètes de l'amélioration de l'individu.

Dégoûté de la doctrine des mortifications, le socialisme veut procurer à chaque individu toutes les jouissances désirables et permises du cœur, de l'intelligence et des sens.

Le complet développement de l'individu, aussi bien au point de vue matériel qu'au point de vue moral, doit être la conséquence de la victoire du socialisme. Si aujourd'hui, la noblesse de caractère amène souvent la pauvreté, si le sentiment d'humanité, dans la société actuelle, est souvent une cause de souffrance et de revers, plus tard le socialisme favorisera puissamment, à ces deux points de vue, le développement individuel. Dans cette atmosphère épurée, une intense conscience individuelle créera les plus beaux exemples d'amour, de sacrifice et de solidarité, car il y aura une véritable émulation pour savoir qui, dans l'intérêt général, se montrera le plus laborieux.

L'égoïsme aura perdu son excitant le plus puissant et même si la formule de Marc-Aurèle — ce qui est utile à la ruche est utile à l'abeille — n'était pas entièrement comprise, les crimes de lèse-humanité deviendront cependant de plus en plus rares parce qu'ils auront de moins en moins de raison d'être.

En élevant les enfants dans ces nobles sentiments, dès à présent, en développant leur altruisme et leur abnégation, en exigeant souvent d'eux des *services sociaux*, l'éducation morale de l'homme deviendra meilleure. La faim ne le conduira plus au crime, ni l'abondance aux

excès et au dégoût de la vie, l'inégalité n'excitera plus
son envie, le privilège ne le rendra plus orgueilleux,
les soucis ne tourmenteront plus son cerveau, le travai
exténuant ne paralysera plus ses forces. Dans la société
actuelle, le riche n'est guère entouré que d'ennemis et
de parasites. Mais dans notre société d'égaux, l'amitié
unira les hommes, l'individu pourra sortir de la prison
de l'égoïsme pour élargir son *moi* par l'activité sociale
et altruiste. « Notre vie, dit A. Guyau dans son «Esquisse
d'une morale sans obligation ni sanction », n'atteindra
sa plus grande intensivité, que par l'expansion de notre
énergie vers l'extérieur ».

« Se dévouer pour les autres » constitue la vie la plus
élevée.

C'est à ce noble désir de la nature humaine que nous
faisons appel. Dans le régime socialiste, cette passion
de l'humanité sera partout prêchée et renforcée. Des
hommes meilleurs naîtront dans de meilleures conditions et la conséquence immédiate du triomphe du
socialisme, sera un degré plus élevé de moralité pour
l'humanité. Le socialisme « c'est la religion des temps
nouveaux » (B. Malon).

Le socialisme relèvera donc au lieu d'abaisser, son
avènement est indispensable pour se rapprocher du
pur idéal de l'individualisme. La perfectibilité de l'individu dépend bien plus du progrès de la collectivité
que la perfectibilité de la collectivité ne dépend de celle
de l'individu. Que peut la troupe d'élite de quelques
saints pour la moralisation de la société capitaliste ?
C'est en améliorant l'ensemble qu'on élèvera la valeur
de chacune des parties.   15.

Les hommes, par leurs seules forces, chacun agissant isolément, ne sauraient atteindre leur destinée. Ce n'est qu'en marchant, la main dans la main qu'ils pourront réaliser un progrès durable.

Quand, sous l'influence de meilleures lois politiques et sociales, le conflit des intérêts sera apaisé et que l'humanité entourera chacun de ses membres du même amour, d'une égale justice et d'une égale sollicitude, un sentiment plus profond de l'altruisme naîtra tout seul. Si déjà, dès à présent, l'amour de la mère pour son enfant est si commun, si même celui du fort pour le faible est loin d'être rare, que ne sera pas cet amour dans l'avenir ? L'œil n'aperçoit plus les limites du sentiment qu'auront l'individu et la société.

« Un jour viendra, écrit Spencer, où l'esprit altruiste sera si bien incarné dans notre organisation même que les hommes se disputeront les occasions de sacrifice et de mort. »

Alors l'homme se résoudra dans l'humanité.

Les groupes entre lesquels l'humanité se divisa pour mener la lutte de l'existence s'étendirent de plus en plus. Après la horde, après la *gens*, vint la tribu, plus tard la commune et la nation. Si les peuples de l'antiquité n'avaient pas conscience de leurs liens de parenté avec d'autres peuples, qu'ils traitaient en ennemis ; si, il y a quelque temps encore, chaque village était hostile au village voisin, les habitants actuels du globe travaillent inconsciemment pour le cosmopolitisme, c'est-à-dire pour l'union de tous. Les différences de vêtements et de mœurs disparaissent, la différence de civilisation diminue, une langue universelle tend à se former et le progrès réalisé par un peuple est utile à tous les peuples. Chaque nouvelle invention se répand avec rapidité à travers les mers, par dessus les montagnes. Ce qui constitue l'obstacle le plus grand à l'union, ce sont les frontières, le plus souvent artificielles, qui séparent les nations.

Cependant, ces frontières ne seront des obstacles qu'aussi longtemps que l'Etat sera le pouvoir protecteur de la propriété. Dans le régime nouveau, il n'y aura plus que des frontières géographiques, des mers et des montagnes, qui sépareront les hommes, et ces frontières-là perdront de plus en plus leur influence mauvaise à mesure que l'on percera plus de montagnes et que l'on trouvera les moyens de parcourir les mers avec plus de vitesse et de sécurité, de telle sorte que tous les membres de l'humanité entreront en relations plus constantes les uns avec les autres.

Un lien de sympathie liera un jour toute l'humanité. Tous, nous nous partagerons nos joies et nos souffrances.

Alors, on ne verra plus chaque peuple avoir ses libertés et ses droits particuliers, mais une seule et même loi de vie et d'amour, de travail et de jouissance régira l'univers.

Rien dans la nature ne naît sans peine et sans douleur. L'homme ne saurait se soustraire à cette loi qui est celle de la vie et du progrès. Que le travail soit aussi léger, aussi agréable qu'il puisse être, sans lui l'humanité ne saurait subsister, sans lui elle ne saurait rester la souveraine de la terre, la maîtresse de la création. A ce devoir de contribuer au travail et à la production, le droit de jouir pour les individus comme pour les peuples doit être subordonné. Le travail, le travail seul est la source de toutes les richesses ; lui seul peut procurer les moyens de vivre et de jouir librement. C'est alors que — après des siècles où, pour la masse, la vie avait plus de souffrances que de joies — c'est alors que viendront les temps où la joie sera plus grande que la souffrance.

Et si un jour, des hauts plateaux de l'Asie ou des plaines de l'Afrique, des cohortes de Barbares envahissaient nos contrées pour nous enlever le fruit de notre travail et de nos efforts, les peuples qui auront atteint le stade de développement du socialisme, sauront opposer de la résistance à ces attaques. Mais si le progrès a alors pénétré jusqu'au cœur des autres parties du monde, alors ce danger ne sera pas à craindre et le triste devoir de combattre nous sera épargné. De plus en plus, les masses viendront au socialisme et les causes de la guerre, de l'envie et de la corruption auront disparu. Le développement des peuples arriérés prendra un nouvel essor, les peuples et les individus de plus en plus sauront jouir de la liberté sans en abuser et nous nous rapprocherons du moment où la liberté et l'égalité se confondront, où chaque peuple, chaque individu, sans distinction de races et de couleurs se sentira une partie de l'humanité.

C'est à ce socialisme là qu'appartient l'avenir. Il triomphera, non au détriment, mais au bénéfice de la liberté de tous, même des individus et des peuples qui actuellement sont encore nos ennemis. C'est à ce socialisme là qu'appartient l'avenir de par la volonté de la civilisation et du progrès, qui retourneraient vers la Barbarie si le régime maudit d'aujourd'hui gouvernait encore longtemps l'humanité. Ce n'est que par son triomphe, que peut être comblé l'abîme qui sépare les possesseurs et les dépossédés, cet abîme est si large et si profond que de chaque côté, comme s'il s'agissait d'un autre monde, on voit des intérêts différents et ennemis, de chaque côté règne une autre civilisation et une autre morale, de chaque côté on pense, on parle une autre langue.

Les conséquences de notre lutte se feront sentir encore pendant bien longtemps. En luttant pour la propriété collective, c'est à peine si nous pouvons faire les premiers pas dans la voie du progrès. Nous ne saurions faire davantage et devons abandonner le reste aux générations qui nous succéderont. Ce sont elles qui doivent continuer notre œuvre, cultiver la petite plante à la croissance si lente. Là où nous cessons, commence leur tâche, comme nous-mêmes continuons l'œuvre commencée par nos ancêtres.

« L'évolution matérielle et morale des Sociétés forme une longue et indissoluble chaîne, à laquelle les générations successives ajoutent sans cesse des anneaux..... Un des principaux résultats de cette évolution est précisément l'élimination graduelle du mal, la marche lente de l'humanité vers un état meilleur. » (Condorcet).

Bien donc qu'il nous soit impossible d'atteindre le

but idéal, la tâche qui nous est imposée est belle ; et bienheureuse l'humanité, si nous savons conserver le principe socialiste sans souillure ! Que toutes les forces soient donc consacrées à la propagande de notre doctrine, que celle-ci pénètre dans les cœurs et dans les cerveaux de ceux à qui l'histoire a imposé ce lourd fardeau. Plus d'hésitation, les temps sont mûrs pour de nouvelles formes de vie ! Préparons-nous à la lutte prochaine ! Que tout soit prêt pour la bataille : l'ancre est levée, les voiles gonflent, le vent nous pousse vers la haute mer, à la rencontre de la tempête qui *doit* éclater. Que nous soyons ou que nous ne soyons pas préparés, nous ne pouvons plus reculer et c'est à peine s'il nous reste encore du temps pour accroître et diriger nos forces. L'œil fixé sur l'avenir, la main au gouvernail, le drapeau rouge fièrement hissé au sommet, et en avant ! au nom de l'humanité !

Nous sentons que nous sommes arrivés à un des moment les plus solennels de l'histoire. Au point de vue moral et matériel, le but que nous poursuivons est le plus noble de ceux qui ont fait battre le cœur humain. Quelque chose de grand va s'accomplir !

Qu'il se forme une invincible phalange de tous les hommes de bonne volonté ; que tous ceux qui souffrent de l'injustice du temps présent, se lèvent et marchent vers la conquête du bien-être et du bonheur ! Alors le socialisme triomphera et l'humanité délivrée verra l'idéal du siècle nouveau avec admiration et reconnaissance.

Alors la terre, notre mère, ne produira plus des fleurs

pour le parasite et des épines pour le producteur, mais elle donnera le pain et la liberté à une génération d'égaux.

FIN.

TABLE DES MATIÈRES